MOJANG

MINECRAFT

MOBESTIARIUM

EGMONT
We bring stories to life

1. Auflage 2017
verlegt durch Schneiderbuch, EGMONT Verlagsgesellschaften,
Alte Jakobstraße 83, 10179 Berlin

Die englische Originalausgabe erschien unter dem Titel
»MINECRAFT – Mobestiary« bei Egmont UK Limited
The Yellow Building, 1 Nicholas Road, London W11 4AN

Written by Alex Wiltshire.
Additional material by Stephanie Milton and Marsh Davies.
Illustrated by Anton Stenvall.
Designed by Andrea Philpots.
Production by Louis Harvey.
Special thanks to Lydia Winters, Owen Jones, Junkboy,
Martin Johansson, Marsh Davies and Ryan Marsh.

MOJANG

Übersetzung aus dem Englischen: Josef Shanel und Matthias Wissnet
Umschlag und Satz: Achim Münster, Overath
Lektorat: Almut Schmidt, München
In Anlehnung an das englische Original
Printed in the EU
ISBN 978-3-505-14028-0

www.schneiderbuch.de

ONLINE-SICHERHEIT FÜR JÜNGERE FANS

Online spielen macht Spaß! Hier sind ein paar einfache Regeln zum Schutz unserer jüngeren Fans, damit sie die Welt von Minecraft auch im Internet genießen können:

- Gib niemals deinen richtigen Namen an. Verwende ihn auf keinen Fall als Benutzernamen.
- Mache niemals Angaben zu deiner Person.
- Erzähle niemandem, welche Schule du besuchst oder wie alt du bist.
- Vertraue niemandem dein Passwort an, außer deinen Eltern oder Erziehungsberechtigten.
- Für viele der Websites musst du mindestens 13 Jahre alt sein, wenn du dort ein Benutzerkonto einrichten willst. Prüfe immer zuerst die Richtlinien der Website und bitte auch deine Eltern oder Erziehungsberechtigten um Erlaubnis, bevor du dich registrierst.
- Wenn dich irgendetwas verunsichert, dann sprich mit deinen Eltern oder Erziehungsberechtigten darüber.

Jede der in diesem Buch aufgeführten Website-Adressen war zur Drucklegung aktuell. Dennoch kann Egmont keine Verantwortung für die Inhalte Dritter übernehmen. Diese können sich ändern, sodass sie für Kinder nicht mehr geeignet sind. Wir empfehlen, Kinder zu beaufsichtigen, wenn diese das Internet benutzen.

MOJANG

MINECRAFT

MOBESTIARIUM

INHALT

VORWORT

Während ich hier in meiner warmen Studierstube sitze, umgeben von kostbaren Büchern, wandert mein Geist hinaus zu den Welten jenseits der Fenster. Dort draußen erforschen unzählige Abenteurer mutig die Oberwelt und wagen sich über ihre Grenzen hinaus. Sie wandern durch dunkle Wälder und trockene Wüsten, graben sich tief unter die Oberfläche und bauen bis hoch hinauf in die Wolken.

Die Welten, die sie bereisen, sind voller Wunder. Als Entdecker habe ich Orte gesehen, an denen Eiszapfen wie Krallen nach dem Himmel greifen und buntgestreifte Tafelberge den Horizont säumen.

Ich war auch vielen schrecklichen Gefahren ausgesetzt. Es gibt wenige Orte, die vor aggressiven Monstern sicher sind. Diese furchtbaren Geschöpfe wollen allem den Garaus machen. Manche sind so schrecklich, dass es mir den Magen umdreht, wenn ich nur an sie denke. Aber auch wenn diese Ungeheuer ständig eine tödliche Bedrohung darstellen, sind sie trotzdem oft eine Quelle nützlicher Gegenstände und Kostbarkeiten, die alle Abenteurer schätzen.

Nicht alle Kreaturen haben böse Absichten. Es gibt passive und zähmbare Tiere, die einen mit Nahrung versorgen, hart arbeiten und sich als warmherzige Begleiter anbieten. Sie machen das Leben in der Wildnis nicht nur möglich, sondern auch erträglich.

Während meiner Forschungsreisen durch all die Welten häufte ich unzählige Aufzeichnungen, Berichte und Beschreibungen aller Kreaturen an, die durch die Oberwelt, den Nether und das Ende wandeln, kriechen, fliegen oder darin herumgraben. Durch die Beobachtungen und Forschungen anderer Entdecker und Wissenschaftler konnte ich meine Erkenntnisse mit zusätzlichen Details über diese Lebewesen ergänzen und möchte nun dieses Wissen an euch weitergeben.

Diese Enzyklopädie – oder Mobestiarium, wie ich sie nenne – enthält Informationen über die Gewohnheiten, Lebensräume und Merkmale aller Kreaturen, die bisher entdeckt worden sind, nebst meinen Skizzen ihres Aussehens. Ich wünsche mir, dass euch all dies gegen die Gefahren auf euren Reisen wappnen wird. Von der kleinsten Endermite bis zum riesigen Wither, vom streichelzarten Kaninchen bis zum freundlichsten Golem – die Identifizierung der Kreaturen und das Wissen, wo sie leben und wie sie sich verhalten, sind von unschätzbarem Wert.

Ich ziehe mich nun als Entdecker von der aktiven Bühne zurück und überlasse euch mein Lebenswerk: eine gründliche Berichterstattung über jede einzelne Kreatur, die bisher in dieser seltsamen und gefährlichen Welt entdeckt wurde. Ich wünsche euch alles erdenklich Gute. Hier, innerhalb der sicheren vier Wände meiner Studierstube, werde ich an euch denken, während ihr mithilfe meines Buches zu höchsten Ehren und unsterblichem Ruhm gelangen werdet.

Der Naturforscher

PASSIVE KREATUREN

Lasst uns zuerst die passiven Kreaturen, die die Oberwelt durchstreifen, eingehend studieren. Von der Höhlen bewohnenden Fledermaus bis zum Wasser liebenden Tintenfisch entpuppen sich diese sanften Kreaturen oft als Quell vieler brauchbarer Gegenstände, einschließlich Fleisch, das die Gesundheit des Abenteurers erhält.

Abb. I.

Feldskizze eines Fledermauspärchens im Flug.

FLEDERMAUS

Man könnte die Fledermaus ein unheimliches Geschöpf der Dunkelheit nennen, wenn sie mit ihren blutsaugenden Neigungen über unseren Köpfen schwirrt. Aber das wäre unfair, denn sie ist harmlos und eher schüchtern. Es wäre besser, sie sich als fliegende Maus vorzustellen, die quiekend durch die Höhlen flattert und, fast blind, nur mit ihrer Echoortung navigiert.

DER HÖHLENBEWOHNER

Fledermäuse leben an den dunkelsten Orten der Welt, unterhalb der Oberfläche und tiefer. Dort findet man sie meist schlafend und kopfüber an der Decke hängend vor, gern an der Unterseite von Steinblöcken. Allerdings sind sie sehr schreckhaft. Beim bloßen Anblick eines Abenteurers wollen sie flüchten, um dann doch nur ängstlich herumzuschwirren.

Diese blinde Panik wird oft als zerstörerische Absicht missverstanden. Doch ich habe einige unglückliche Exemplare beobachtet, die in Lava hineinsteuerten, Feuer fingen und quiekend herumflogen bis zum traurigen Ende.

Fledermäuse sind schwache Kreaturen. Sie sterben durch einen Schlag eines Eisenschwerts oder einen Treffer eines vollständig zurückgezogenen Pfeils. Seid lieber sanft mit diesen winzigen Zeitgenossen, denn sie hinterlassen nichts bei ihrem Ableben. Missbraucht die unschuldigen Biester nicht als Zielscheiben, nur weil sie aufgrund ihres Flugmusters und ihrer geringen Größe schwer zu treffen sind. Es gibt genug andere, wirklich böse Kreaturen, die die Welten unsicher machen!

FLEDERMÄUSE HEGEN

Viele Entdecker, auch ich, schätzen die Gesellschaft von Fledermäusen, die in ihren Häuser leben. Jedoch müssen sie oft feststellen, dass ihre freundlichen Mitbewohner ausgeflogen sind, wenn sie von ihren Erkundungsreisen ins traute Heim zurückkehren. Fledermäuse kommen und gehen, wie sie wollen.

Findet man in einer Truhe ein Namensschild oder ergattert eins von einem Dorfbewohner, kann man damit seiner Lieblingsfledermaus einen Namen geben. Zuerst muss dazu das Namensschild an einem Amboss umbenannt und dann auf die Kreatur angewendet werden. Eine so getaufte Fledermaus (gilt auch für andere Kreaturen) wird nie mehr verschwinden.

Manchmal sind Fledermäuse nicht willkommen. Eine ruhende Fledermaus an der Decke gilt in einem gut situierten Haus als ungehörig. Sorgt vor, indem ihr die Decken des Hauses zu jeder Zeit stark beleuchtet, sodass Fledermäuse nirgends einen Platz zum Wohlfühlen finden und sich demnach nicht einnisten. (Ein schickes Domizil besitzt ohnehin eine hohe Fledermausresistenz, da ein solches Haus gleichmäßig hell ausgeleuchtet sein sollte.)

MUTIG UND TROTZIG

Es gibt Zeiten im Jahr, in denen Fledermäuse kühner werden und sich an hellere Orte wagen als üblich. Augenzeugenberichten zufolge häuft sich das ungewöhnliche Verhalten zwischen dem 20. Oktober und 3. November, wenn die Nächte sich ziehen und unheimliche Gestalten umherstreichen.

Fledermäuse ziehen geschützte, dunkle Orte den Gefahren des freien Geländes vor. Einige Abenteurer nutzen diese Veranlagung, indem sie Fledermäuse als Wegweiser zu geheimen Orten einsetzen. Wer das unverkennbare Quieken hinter Wänden oder unter dem Boden vernimmt, weiß, dass sich ein dunkler Raum in der Nähe verbirgt. Folgt dem Klang ihrer Rufe, und ihr solltet fündig werden! Aber hütet euch vor den anderen Geschöpfen der Dunkelheit, die weniger sanft sind.

HUHN

Das Huhn wandert in grasbewachsenen Biomen in der Oberwelt umher. Hühner sind furchtlos und stets friedlich. Werden sie jedoch angegriffen, rennen sie aufgescheucht umher, dass die Federn fliegen. Da sie flugunfähig sind, kommen sie nie weit. Für Hühner gibt es viele Verwendungsmöglichkeiten. Sesshafte Spieler sollten sie unbedingt in ihr Gehöft aufnehmen.

VERWENDUNG VON EIERN

Viele Entdecker schlachten Hühner für ihr saftiges Fleisch, und wenn es in einem Ofen gebraten wird, riecht und schmeckt es auch sehr lecker. Doch Vorsicht! Esst niemals ein nicht zubereitetes Huhn. Rohes Hühnchen ist nicht nur weniger sättigend, ihr könnt euch auch eine Lebensmittelvergiftung zuziehen. Sollte das passieren, werdet ihr für einen gewissen Zeitraum Hunger leiden müssen – ein negativer Statuseffekt, der die Leerung der Hungerleiste beschleunigt. Ohne genügend Nahrung, die euch bei Kräften hält, könnt ihr ernsthaft krank werden.

Aber man braucht kein Huhn zu töten, um Nahrung zu bekommen. Ein erwachsener Vogel legt alle 5–10 Minuten 1 Ei. Eier können nicht direkt gegessen werden, sie haben jedoch 2 Verwendungsmöglichkeiten: Erstens kann man mit ihnen backen. Aus 1 Ei, 3 Eimern Milch, 2 Portionen Zucker und 3 Bündeln Weizen wird ein leckerer Kuchen. Dieser spezielle Block kann in 7 Stücke geschnitten werden. Eine besonders sättigende Variante ist der Kürbiskuchen, hergestellt aus 1 Ei, 1 Kürbis und 1 Portion Zucker. Zweitens kann man Eier werfen. Sie verursachen keine Schäden an Monstern oder anderen Entdeckern, sondern schubsen diese nur zurück. Das kann manchmal nützlich sein. Wird ein Ei auf den Boden geworfen, besteht zu einem Achtel die Chance, dass daraus ein Küken schlüpfen wird.

HÜHNERAUFZUCHT

Das Werfen von Eiern ist eine tolle Methode, um Hühner zu produzieren. Aber es gibt noch einen Weg: Füttert ein Paar erwachsener Hühner mit Weizenkörnern, und Nachwuchs kommt.

Küken sind nach 20 Minuten ausgewachsen. Füttert man sie mit Samen, kann man die Zeit verkürzen. Küken folgen erwachsenen Hühnern. Solltet ihr Samen in der Hand halten, werden alle Hühner in der Nähe nur euch folgen. So lassen sich Hühner in umzäuntes Gelände locken. Es wird empfohlen, Hühner in umzäunten Gehegen zu halten, damit sie nicht einem wilden Raubtier zum Opfer fallen: dem heimtückischen Ozelot. Doch selbst in einem umzäunten Bereich kann ein Ozelot mit seinen Klauen durch den Zaun greifen und ein Huhn reißen, wenn es nah genug am Rand steht. Man sollte deshalb sicherstellen, dass sie viel Platz haben.

Noch ein Grund für die Zucht von Hühnern: Ihre Federn, die sie beim Sterben hinterlassen, sind eine wichtige Zutat für die Herstellung von Pfeilen für den Bogen.

DAS HUHN ALS SPION

Einigen Entdeckern ist aufgefallen, dass überall dort, wo Monster sind, Hühner sich stets leise verhalten und das Treiben stumm beobachten. Das legt die Vermutung nahe, das Huhn sei ein Spion für dunkle Mächte.

Gibt es eine Verbindung zwischen dieser Theorie und dem verwirrenden Phänomen des Hühnerreiters – eines Zombiekindes oder Schweinezombiekindes, das ein Huhn reitet? Oder steckt mehr hinter dem Huhn, als man zunächst vermuten würde? Ich hoffe, dass weitere Studien dieses Rätsel lösen können.

Abb. II.

Eine Gruppe von Hühnern, gesichtet in einer Ebene: mit Skizze eines sezierten Huhns (zeigt Ei-Produktionssystem).

Abb. III.

Glückliche Kuhfamilie mit neugeborenem Kalb.

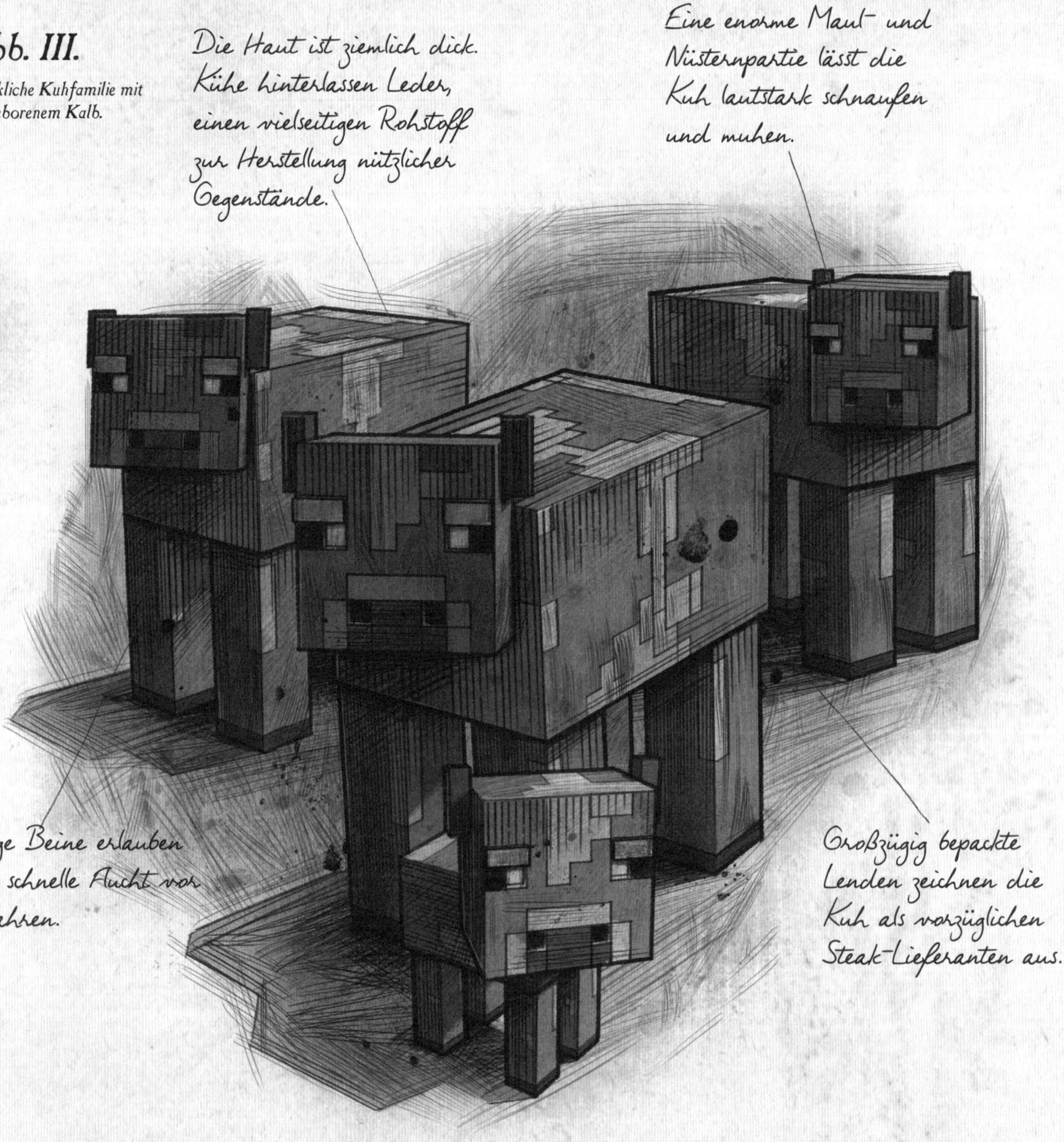

KUH

Dieses gefügige Säugetier findet sich überall in der Oberwelt, wo Gras wächst, oft in Herden von 4 Tieren. Es muht und schnauft, schlendert von Block zu Block und ist für Abenteurer eine erfreuliche Erscheinung. Ob man gerade eine einfache Rüstung, einen vollen Bauch, Linderung von schrecklichen Leiden benötigt oder nur sein Haus dekorieren möchte – die Kuh bietet all das.

MILCH UND FLEISCH

Kühe hinterlassen zwischen 1 und 3 Scheiben rohes Rindfleisch, das in einem Ofen zu Steak gebraten werden kann. Brutzelndes Rindfleisch ist ein köstliches Gericht, und auch kalt sollte man Steaks stets vorrätig im Rucksack oder einer Truhe als Proviant verstaut haben. Fleisch, roh oder gebraten, kann an Hunde verfüttert werden, um sie zu heilen oder zur Fortpflanzung zu animieren.

Kühe geben auch eine ganz besondere Substanz ab: Milch. Sie füllt zwar nicht den Magen, kann aber die merkwürdigsten Effekte aus dem Körper entfernen. Wird man von einer Höhlenspinne vergiftet oder einer Hexe verlangsamt, heilt die Milch diese Effekte. Jedoch sollte man bedenken, dass die Milch sowohl schlechte als auch gute Statuseffekte aufhebt. Wenn ihr also gerade einen nützlichen Trank der Unsichtbarkeit oder Feuerresistenz zu euch genommen habt, solltet ihr zweimal überlegen, ob ihr die Milch trinkt.

Um Milch zu erhalten, benutzt man einfach einen leeren Eimer an einer Kuh. Alle klugen Abenteurer tragen dieses Elixier bei sich, ungeachtet dessen, dass es viel Platz im Inventar einnimmt, weil sich Eimer nicht stapeln lassen.

VERWENDUNG VON LEDER

Kühe liefern robustes, aber weiches Leder. Jedes Tier kann bis zu 2 Stücke hinterlassen, die zu Jacken, Hosen, Stiefeln und Kappen verarbeitet werden können. Lederrüstung schützt nicht so gut wie eine aus Eisen.

Leder wird bei der Herstellung von Rahmen und beim Binden von Büchern verwendet. Erstere eignen sich ausgezeichnet, um den eigenen 4 Wänden eine heimelige Atmosphäre zu verleihen. Bücher wiederum sind für jeden interessant, der sich in Verzauberungen üben möchte, sowie für Liebhaber des Lernens generell.

Für besondere Erfolge werden legendäre Titel verliehen. Abenteurer, die mit Kühen arbeiten, können 2 besondere Titel erlangen: Sammelt man das erste Mal Leder auf, das eine Kuh hinterlassen hat, erhält man den Titel Kuhschubser. Züchtet man das erste Mal eine Kuh, ist es der Titel Nachzucht.

AUFZUCHT DER KÜHE

Man kann eine Herde Kühe nicht so schnell vermehren wie eine Schar Hühner, denn Kühe legen leider keine Eier. Stattdessen müssen 2 Kühe mit Weizen gefüttert werden, damit sie paarungsbereit werden. Die Anforderungen an die Kälberaufzucht sind dabei so hart, dass es 5 Minuten dauern wird, bis die Eltern wieder bereit sind, erneut zu gebären.

Das Kalb wird in 20 Minuten (ein Tag-Nacht-Zyklus) bis zum Erwachsenenalter heranwachsen. Wer es eilig hat, kann das Wachstum des Kalbs beschleunigen, indem er es zusätzlich mit Weizen füttert. Durch jedes Bündel Weizen wird die verbleibende Zeit des Wachstums um 10 % reduziert. Wer eine große Herde aufbauen oder Massen an Rindfleisch und Milch anhäufen will, sollte sich das gut merken, da Jungtiere keine Beute hinterlassen, nicht gemolken werden und sich nicht paaren können.

Interessanterweise haben alle Exemplare sowohl Euter als auch Hörner und können zusammen Nachkommen produzieren. Dies ist wissenschaftlich noch nicht erklärt.

MOOSHROOM

Vor einigen Jahren entdeckten Forscher ein seltenes Biom, das Pilzland genannt wurde. Sie berichteten, dass es von rot und schwarz gefärbten Kühen bewohnt wird, die mit Pilzen bedeckt sind. Die Mooshroom, wie sie von ihren Entdeckern genannt wurde, ist eine Unterart der Kuh. Sie lebt in Herden von 4 bis 8 Tieren und ausschließlich auf den Myzelblöcken des Pilzlands.

PILZKÜCHE

Die Tatsache, dass die Mooshroom bei ihrem Ableben rohes Rindfleisch hinterlässt, zeigt ihre enge Verwandtschaft zur Kuh. Ob als Steak oder roh verzehrt, es verhält sich genauso wie das Fleisch einer Kuh, jedoch behaupten einige, es schmecke einen Tick besser. Das Tier kann auch mit einem Eimer gemolken werden, genau wie eine Kuh.

Wenn man eine Mooshroom mit einer Schüssel anstatt einem Eimer »melkt«, füllt sich diese mit herzhafter Pilzsuppe. Dieses Gericht wird sonst mit roten und braunen Pilzen hergestellt und ist sehr nahrhaft. Eine einzige Mooshroom kann eine endlose Menge Suppe liefern. Die Beschränkungen liegen allein darin, wie viele Schüsseln und wie viel Platz zur Aufbewahrung man hat.

VERWANDLUNG

Laut wissenschaftlichen Überlegungen hat bei Mooshrooms der Verzehr von Myzel entweder zu einer symbiotischen Beziehung zwischen Kuh und Pilz geführt, oder aber es handelt sich um eine Art Infektion. In jedem Fall hat es zu einer weiteren interessanten Eigenschaft geführt: Wenn man eine Mooshroom schert, fallen dabei 5 rote Pilze ab. Anschließend umhüllt eine Rauchwolke das Tier, und es verwandelt sich in eine gewöhnliche Kuh. Diese Kuh ist fortpflanzungsfähig mit anderen Kühen, jedoch nicht mehr mit Mooshrooms. Sogar Mooshroom-Kälber vergessen, dass diese Tiere mal ihre Eltern waren.

Die akademische Welt war verblüfft, als dieses Verhalten ans Licht kam. Mit vielerlei Theorien bemüht man sich seither um eine Erklärung, aber während die meisten Gelehrten den Prozess noch immer nicht ganz verstehen, hat man sich allgemein darauf geeinigt, dass der Akt des Scherens irgendwie den Pilz aus dem Körper der Mooshroom entfernt und das Tier so in seinen natürlichen Zustand zurückkehrt. Erstaunlich!

ZUCHT VON MOOSHROOMS

Da sie eine reiche Quelle feiner Speisen sind, halten viele Abenteurer Mooshrooms als Ergänzung zu ihrem Viehbestand. Es wird empfohlen, sie nicht zu scheren und stattdessen ihre besonderen Qualitäten zu erhalten. Die Zucht ist einfach. So wie bei Kühen muss man Weizen auf 2 erwachsene Mooshrooms anwenden, daraus entsteht ein Kalb. Diese Kälber brauchen ebenfalls einen ganzen Tag und eine ganze Nacht, um heranzuwachsen. In dieser Zeit sind sie weder fortpflanzungsfähig, noch hinterlassen sie beim Ableben Beute oder Erfahrungspunkte. Ihr Wachstum lässt sich mit Weizen beschleunigen.

Da sie nur im seltenen Biom Pilzland gefunden werden können, weiden Mooshrooms in weiter Entfernung zu den Behausungen der meisten Abenteurer. Entdeckt man eine Mooshroom, kann sie aus gewisser Nähe mit einem Bündel Weizen angelockt und weggeführt werden. Doch die anschließende Reise ist schwierig. Einige Abenteurer haben versucht, Mooshrooms in ihren Bauernhöfen anzusiedeln, indem sie Myzel auf ihrem Land anpflanzten. Leider tauchten daraufhin nicht zwangsweise Mooshrooms auf. Stattdessen hörte man vereinzelt, dass ganze Bauernhöfe von Myzel überwuchert wurden und dort nichts mehr außer Pilzen wuchs.

Abb. IV.

Gruppe weidender Mooshrooms mit sezierter Darstellung des Trakts zur Herstellung von Milch und Pilzsuppe.

Abb. V.

Feldskizze einer Schweineherde.

SCHWEIN

Das Schwein scheint von einfachem Gemüt und wandert, ähnlich Kuh und Schaf, ziellos über die Oberwelt. Doch Studien über das Schwein haben interessante Dinge zutage gefördert. Es reicht aus, ihm eine Karotte, Rote Bete oder eine Kartoffel vor den Rüssel zu halten, schon kann man es herumführen. Deshalb sind diese Tiere einfach zu zähmen und zu züchten.

SCHWEINE HÜTEN

Schweine gelten wegen des rohen Schweinefleischs, das sie beim Ableben hinterlassen, als wertvoll. Jedes Schwein hinterlässt bis zu 3 Scheiben. Gebraten sind diese vorzügliche Speisen. Wird der Tod durch Feuer herbeigeführt, ist das Fleisch bereits gebraten. Manche Menschen wollen besonders effizient Fleisch einsammeln, indem sie größere Gruppen von Tieren einfach anzünden. Wie barbarisch!

Schweine züchten ist einfach. Um den Prozess zu starten, müssen lediglich 2 Schweine mit Karotten, Roter Bete oder Kartoffeln gefüttert werden. Dann wird es nicht lange dauern, bis ein Ferkel zwischen den beiden Erwachsenen erscheint. Es braucht einen ganzen Tag, um zu voller Größe heranzuwachsen. Bis es vollständig erwachsen ist, wird es kein Fleisch hinterlassen und kann auch nicht mit anderen Schweinen gepaart werden. Ich selbst habe entdeckt, dass die Fütterung der Ferkel mit Karotten, Roter Bete oder Kartoffeln die Entwicklung beschleunigt: Die verbleibende Zeit des Wachstums wird um jeweils etwa ein Zehntel verkürzt. Schweinezucht ist schön und gut, aber diese pummeligen Säugetiere haben noch mehr bemerkenswerte Merkmale.

SCHWEINE REITEN

Wer einen Sattel besitzt, kann Schweine reiten. Nur echte Abenteurer können zu Schweinereitern werden, da Sättel nicht hergestellt, sondern nur in Truhen gefunden werden können – an Orten wie Verliesen, Netherfestungen und Tempeln.

Die Pioniere des Schweinereitens hatten keine Kontrolle darüber, wohin das Schwein lief. Bald wurde aber ein Lenkgerät entworfen, das die angeborene Gier des Schweins nutzt: die Karottenrute. Mit ihrer Hilfe lässt der Anwender eine Leckerei vor dem Schweinerüssel baumeln. So kann das Schwein in die gewünschte Richtung geführt werden, da es immer eifrig in Richtung Karotte trabt. Das Schwein kann so leicht von einer Klippe gesteuert werden. Das arme Tier wird den Sturz des Reiters abfangen, stirbt jedoch an den Folgen. Ein Schwein ist nicht besonders schnell, kann seiner Geschwindigkeit aber einen Schub verpassen, indem man ihm einen Bissen von der Karotte erlaubt. Das Schwein wird dann seine Trabgeschwindigkeit für 40 Sekunden verdoppeln. Jede Karottenrute ist ausreichend für 3 Bissen, um das Schwein zu beschleunigen.

LEGENDEN ÜBER SCHWEINE

Einer Legende nach lebte einst eine menschenähnliche Schweinerasse auf der Oberwelt. Von ihr findet man heute keine Spuren mehr, doch spricht die Existenz der Schweinezombies für diese Theorie. Manche Gelehrte behaupten, dass die heutigen Schweine von dieser alten Rasse abstammen. Beweis dafür sei der Fakt, dass sich ein vom Blitz getroffenes Schwein in einen Schweinezombie verwandelt. Überzeugend, doch forschen wir lieber noch etwas weiter.

Eine weitere Legende erzählt von der Entstehung des Schweins. Ein göttliches Experiment schlug fehl, und das Resultat war die Erschaffung des scheußlichen Creepers. Wenn man diese beiden Kreaturen vergleicht, scheint es absurd, diesen Zusammenhang herstellen zu wollen, aber einige glauben felsenfest, dass diese Legende wahr sei.

KANINCHEN

Kaninchen begegnen Wanderern z. B. in Wüsten, Taigas und Tundren. Sie kommen in mehreren Varianten vor, die sich durch ihre Felle unterscheiden. Kaninchen scheinen sich ihrer Umgebung stets bewusst zu sein. Tatsächlich erlaubt ihnen ihr scharfer Blick, sowohl Bedrohung als auch Nahrung in großer Entfernung wahrzunehmen.

VERWENDUNG VON KANINCHEN

Verschiedene Gelehrte behaupten, dass die Liebe des Kaninchens zu Karotten zu einem Problem für Gemüsebauern werden kann. Wer nicht mit ansehen will, wie seine Ernte von den gefräßigen Nagern verzehrt wird, muss seinen Acker mit robusten Zäunen umfrieden.

Kaninchen hinterlassen nützliche Dinge. Aus 4 Kaninchenfellen kann 1 Stück Leder hergestellt werden, und gebratenes Kaninchen sättigt vorzüglich. Noch nahrhafter ist Kaninchenragout. Dazu benötigt man neben einer Schüssel und dem gebratenen Kaninchen 1 Pilz, 1 Karotte und 1 Ofenkartoffel.

In seltenen Fällen hinterlassen Kaninchen eine Hasenpfote. Das ist ein glücklicher Fund, denn aus dieser Pfote und einem seltsamen Trank kann ein Trank der Sprungkraft gebraut werden. In seiner grundlegenden Form erhöht dieses Gebräu die Sprunghöhe nur um ein geringes Maß, aber mehrere Forscher berichten, es hätte ihnen ebenfalls geholfen, als sie in einen Abgrund stürzten, da dieser Trank auch Fallschaden reduziert. Und wird nachträglich mit Glowstonestaub gebraut, erweitert dies die mögliche Sprunghöhe auf über 2 Blöcke mit nur 1 Satz.

DAS ZÜCHTEN VON KANINCHEN

Durch Experimente habe ich entdeckt, dass Kaninchen sich fortpflanzen, wenn man 2 erwachsene Tiere mit Karotten oder Löwenzahn füttert. Ihre Nachkommenschaft erbt mit hoher Wahrscheinlichkeit die Farben eines Elternteils. Es ist möglich, ihre Entwicklung zu beschleunigen.

Kaninchenzüchter sollten den Erz-feind des Kaninchens kennen: den Wolf. Beim Anblick eines Kaninchens greift ein Wolf sofort an. Die Nager laufen davon und fiepen mitleiderregend, wenn das Raubtier sie erwischt. Sogar ein Hund, also ein gezähmter Wolf, versetzt die Nager in Panik.

DAS KILLER-KANINCHEN

Reisende in der Oberwelt berichten von einem furchterregenden Phänomen, das belegt: Nicht alle Kaninchen sind sanft. In seltenen Fällen taucht ein Kaninchen auf, das ganz und gar böse ist. Dieses Killer-Kaninchen kann anhand seines weißen Fells, der eng stehenden roten Augen und seines jähzornigen Temperaments identifiziert werden – Letzteres bricht über Menschen und Wölfe gleichermaßen herein. Seine Sinne ermöglichen es ihm, Opfer aus großer Entfernung ausfindig zu machen. Es springt sie unvermittelt an, da es viel schneller ist als jedes normale Kaninchen.

Wo ein Killer-Kaninchen zubeißt, da wächst kein Gras mehr – schlimmer noch als ein Enderman. Diejenigen, die eine Begegnung überlebt haben, warnen vor seinen Tricks. Es wird vermeintlich davonhoppeln, den Gegner im Glauben lassend, er habe es in die Flucht geschlagen – um kehrtzumachen und mit doppelter Wucht erneut anzugreifen.

Chronisten erinnern gerne daran, wie dem Killer-Kaninchen in einem Theaterstück Unsterblichkeit verliehen wurde. Während seines Auftritts quält es die Krieger eines großen Königs und verbreitet Schrecken unter den Recken.

Abb. VI.

Gruppe von Kaninchen. Das Augenmerk liegt auf dem Killer-Kaninchen links außen.

Abb. VII.

Herde devoter Schafe, eines davon wurde kürzlich geschoren.

SCHAF

Diese sanftmütigen Wesen scharen sich in Gruppen aus 4 Tieren zusammen, wo auch immer Gras wächst. Wie viele andere passive Tiere eignen sich Schafe ausgezeichnet als Nutztiere. Aber Obacht: Hungrige Wölfe in der Nähe bekommen ihnen nicht. Nebst warmer Wolle hinterlassen Schafe auch rohes Hammelfleisch, das im Ofen zu gebratenem Hammelfleisch wird.

DAS SAMMELN VON WOLLE

Einer der größten Vorteile des Schafs ist seine Wollproduktion. Wolle ist ein nützlicher Rohstoff, den man z. B. für ein Bett braucht. Wolle ist auch unentbehrlich, um andere gemütliche Dinge herzustellen: Teppiche, Bilder und Banner.

Schafe hinterlassen bei ihrem Ableben einen Block Wolle. Eine effizientere Weise, Wolle zu sammeln, ist das Scheren mittels eines aus 2 Eisenbarren gefertigten Werkzeugs. Durch das Anwenden der Schere auf ein Schaf wird seine Wolle abgeschoren. Das Schaf bleibt kahl zurück, wirft aber zwischen 1 und 3 Blöcken Wolle ab. Die Wolle des Schafs wird mit der Zeit nachwachsen, wenn es Gras frisst. Stellt man ihnen Weideland zur Verfügung, fressen die Schafe genüsslich und tragen bald ein neues Wollkleid.

FARBEN DER WOLLE

Nicht jeder Pelz ist gleich. Etwa jedes 5. Schaf ist nicht weiß, sondern hat eine andere natürlich vorkommende Farbe. Gelehrte haben die Farben Hellgrau, Grau, Schwarz, Braun und, am seltensten, Rosa registriert. Das rosa Schaf ist natürlich dasjenige, welches jeder wahre Schaffreund sehen möchte, und seine Wolle wird sehr hoch geschätzt.

Wer sich noch mehr Farben für seine Wolle wünscht, braucht nicht verzweifeln. Man kann Schafe mit allen 16 Farbstoffen färben, die heute bekannt sind. Nach dem Färben kann man sie scheren, um Wolle im gewünschten Farbton zu erhalten. Diese gefärbten Schafe regenerieren ihre Wolle immer in derselben Farbe, man braucht also nur eine Farbdosis.

SCHAFAUFZUCHT

Wie andere passive Tiere lassen sich Schafe leicht aufziehen. Trotz ihrer Vorliebe für Gras muss man ein Paar mit Weizen füttern, um ein Lamm zu erzeugen. Das Lamm wird in einem Tag heranwachsen; sein Wachstum kann durch Füttern mit Weizen beschleunigt werden. Bis es ausgewachsen ist, kann ein Schaf nicht geschoren werden und auch kein Hammelfleisch hinterlassen. Aber es ist noch gefräßiger als seine Eltern. Neue Abstufungen in der Wollfarbe kann man auch durch das Paaren von 2 Schafen unterschiedlicher Färbung erzeugen. Ihr Lamm wird in der Regel eine Mischung von beiden Farbtönen sein. Paart sich also ein rotes Schaf mit einem gelben, entsteht daraus ein orange gefärbtes Schaf. Die Paarung eines weißen Schafs mit einem blauen wird hellblaue Nachkommenschaft erzeugen und so weiter. Haben die Elterntiere Farben, die sich nicht mischen können, wird das Lamm zufällig die Farbe nur eines Elternteils annehmen.

Ein Tipp zum Schluss: Wenn man seinem wolligen Lieblingstier einen mystischen Namen verleiht, wird es einen fantastischen Regenbogenmantel aus Wolle tragen. Die Wollfarbe wechselt fließend zwischen den 16 bekannten Farben. Die dazu notwendigen Runen müssen auf einem Amboss in ein Namensschild eingehämmert werden und lauten: »jeb_«. Leider behält die Wolle diese magische Eigenschaft nicht, wenn das Schaf geschoren wird. Aufwendige Studien wollten das Mysterium um diesen Namen aufdecken. Heute glaubt man, dass es sich um einen allmächtigen Gott handelt.

TINTENFISCH

Viele Bewohner der Oberwelt ekeln sich vor diesem Ozeanbewohner, aber der Tintenfisch ist harmlos. Man kann ihn in der Nähe der Wasseroberfläche beim Planschen beobachten. Er greift keine Menschen an und wird wegschwimmen, wenn er angegriffen werden sollte. Der Tintenfisch ist bevorzugte Beute eines viel schrecklicheren Meeresungeheuers; dazu später mehr.

VERHALTEN DES TINTENFISCHS

In alten Zeiten spannen Abenteurer tolles Seegarn, von Matrosen und ihren Booten, die über Ozeane steuerten und, wenn sie gegen einen Tintenfisch krachten, sofort mit Mann und Maus versanken. Heute passiert das nicht mehr. Vielleicht waren die Boote damals zerbrechlicher. Jedenfalls kann man sich heute raus aufs Meer wagen, ohne Sorge, dass diese Weichtiere das Boot zum Kentern bringen werden.

Nichtsdestotrotz sind Tintenfische starke, wenn auch eher ziellose Schwimmer. Sie scheinen ihre 8 Tentakel zur Fortbewegung einzusetzen, indem sie diese auseinander- und wieder zusammendrücken und sich so Kopf voraus durchs Wasser schieben. Diese Beschreibung ihrer Fortbewegungstechnik wird der Anmut, die sie dabei ausstrahlen, aber vermutlich nicht gerecht. Außerdem ermöglicht sie ihnen ein überraschend leichtes Vorankommen in starken Wasserströmungen.

Trotz der Größe ihres Körpers passen Tintenfische in einen einzigen Block Wasser. In dieser misslichen Lage tasten ihre Tentakel über die angrenzenden Blöcke. Sicher sind sie auf so engem Raum nicht sonderlich glücklich, dennoch werden sie die Quälerei überleben.

TINTE ALS BEUTE

Der Tintenfisch hinterlässt kein Fleisch, aber eine Substanz, die es erlaubt, Dinge schwarz zu färben. Wird ein Tintenfisch getötet, hinterlässt er zwischen 1 und 3 Tintenbeutel, die auf jeden färbbaren Gegenstand angewandt werden können. Ein Tintenbeutel färbt zum Beispiel die Wolle eines Schafs schwarz. Tinte braucht man auch zur Herstellung eines schwarzen Feuerwerkssterns, bestehend aus Schwarzpulver und anderen Gegenständen wie einer Feder, Goldklumpen oder diversen Köpfen, um verschiedene Explosionseffekte zu erzeugen.

Der Tintenfisch selbst gebraucht seine Tinte auf mysteriöse Weise: Wie Reisende aus manchen Welten berichten, stoßen dort Tintenfische eine Tintenwolke aus, wenn sie angegriffen werden – vermutlich, um ihre Flucht zu begünstigen. Bislang wurde dieses Verhalten sonst nirgends beobachtet. Die Miniaturwelten halten noch eine weitere Überraschung parat: Babytintenfische. Allerdings konnte bislang nirgendwo eine Paarung von Tintenfischen beobachtet werden.

FRESSFEINDE DES TINTENFISCHS

Die natürlichen Feinde des Tintenfischs sind Wächter und große Wächter, die diese armen Geschöpfe mit nur 2 Schüssen ihres schrecklichen Strahls töten, sobald Sichtkontakt besteht. Möglicherweise gehören Tintenfische zu ihrem Beuteschema, oder aber sie hassen einfach jeden, der sich ihrem Ozeanmonument nähert.

Der zweite Feind des Tintenfischs ist die Luft. Strandet er auf dem Land, kann er nur noch mit seinen Tentakeln zucken. Sein Todeskampf dauert nur Sekunden. Die kurze Zeitspanne, bis der Tod eintritt, wird damit erklärt, dass ihre weichen Körper rasch austrocknen, außerdem werden ihre inneren Organe ohne den Auftrieb des Wassers durch eigenes Körpergewicht zerquetscht. Betrachten wir die Verwundbarkeit des Tintenfischs, so merken wir, wie wenig Gründe wir doch haben, diesen sonderbaren Organismus zu verabscheuen.

Abb. VIII.

Sezierter Tintenfisch. Deutlich sichtbar sind Gehirn und Tintenproduktionssystem.

Abb. IX.

Die Unterseite des Tintenfischs zeigt den Schlund und die Zähne.

Abb. X.

Skizze eines braun gekleideten Bauern während meines Besuchs in einem nahe gelegenen Dorf.

DORFBEWOHNER

Auf Reisen wird man überall auf Ansiedlungen von als Dorfbewohner bekannten Leuten stoßen. Sie sind uns ähnlich und üben viele Funktionen einer zivilisierten Gesellschaft aus. Wir können mit ihnen Tauschgeschäfte abschließen und bei ihnen Schutz suchen. Sie betreiben regen Handel, ziehen sich in ihre Häuser zurück, wenn es dämmert, und fliehen bei Gefahr.

DORFBEWOHNERKINDER

Dorfbewohner werden sich früher oder später finden, um Nachkommen zu zeugen. Ihre Kinder sind liebenswert, man kann sie häufig beim Spielen beobachten. Sie zeigen Wissbegierde gegenüber Eisengolems, die sich in größeren Dörfern über 10 Einwohnern ansiedeln. Es ist entzückend, wenn ein Eisengolem eine Mohnblume in der Hand hält und ein Kind sie ihm vorsichtig abnimmt.

Während wir Hühner und Kühe in Paarungsbereitschaft versetzen können, machen Dorfbewohner diese Sache unter sich aus. Kinder werden in Abhängigkeit von der Anzahl an Türen in ihrem Dorf gezeugt. Abenteurer können so die Bevölkerung eines Dorfs erhöhen. Aber die Türen müssen ins Innere eines Gebäudes führen, nicht einfach draußen stehen!

GEFAHREN

Das Leben eines Dorfbewohners kann grausam und kurz sein. Sogar das Wetter kann eine Gefahr für ihr Leben darstellen. Wenn in der Nähe eines Dorfbewohners der Blitz in den Boden einschlägt, verwandelt er sich in eine scheußliche Hexe. Aber die Erzfeinde der Dorfbewohner sind Zombies und Schweinezombies. Bei Nacht machen diese Ungeheuer Jagd auf Dorfbewohner und schlagen auch Türen ein. Wenn sie einen Dorfbewohner in die Hände bekommen, werden sie ihn töten oder in einen Dorfbewohnerzombie verwandeln. Dorfbewohner können sich nicht selbst verteidigen und müssen sich auf ihre starken Eisengolems verlassen.

Um einen Dorfbewohnerzombie zu heilen, muss man ihn mit einem Wurftrank der Schwäche bewerfen und ihm einen goldenen Apfel geben. Die Rückverwandlung kann Minuten dauern.

HANDELSBEDINGUNGEN

Dorfbewohner nehmen verschiedene Berufe an, die durch die Farbe ihrer Kleidung angezeigt werden. Bauern, Fischer, Schäfer und Pfeilmacher tragen braune Kleidung, Bibliothekare mögen weiße Mäntel, Geistliche tragen lilafarbene Kutten, Waffen-, Rüstungs- und Werkzeugschmiede legen schwarze Schürzen an, Fleischer und Gerber weiße. Dorfbewohner tauschen meist Gegenstände, die einen beruflichen Bezug haben. Geistliche verkaufen Erfahrungsfläschchen und Enderperlen, Bibliothekare Bücher und Kompasse.

Dorfbewohner lieben Smaragde und kaufen damit oder aber verkaufen dafür Gegenstände. Doch nicht alle von ihnen sind vertrauenswürdig. Lasst euch von niemandem übervorteilen! Manchmal horten sie Dinge, an die in der Oberwelt nur schwer heranzukommen ist. Für diese verlangen sie Höchstpreise.

Nach dem ersten Handel beginnt der Dorfbewohner seinem Kunden zu vertrauen und macht zusätzliche Angebote. Mit jeder Transaktion kommt ein Angebot hinzu (maximal 5). Aber das gleiche Angebot steht nur ein paarmal zum Tausch bereit, bevor er es zurückzieht. Haltet den Händler bei Laune: Wechselt zwischen den Angeboten und kauft möglichst viel.

Da Smaragderz unter der Erde selten ist, sind Dorfbewohner eine wertvolle Bezugsquelle für Smaragde. Findet man einen Bauern, der Smaragde für etwas einfach zu Erntendes tauscht, wird man schnell reich.

NEUTRALE KREATUREN

Diese vielseitigen Kreaturen können sich abhängig von den Umständen passiv oder aggressiv verhalten. Es war daher notwendig, ihr Verhalten besonders sorgfältig zu studieren, um herauszufinden, was sie eigentlich in Rage versetzt.

Abb. XI.

2 angriffsbereite Höhlenspinnen im Gang einer Mine.

HÖHLENSPINNE

Unter der Erde lebt ein gefährlicher Verwandter der gemeinen Spinne. Die Höhlenspinne behaust verlassene Minen und lässt sich von der gemeinen Spinne anhand ihres kleineren Körpers und ihrer dunkelblauen Färbung gut unterscheiden. Ansonsten ist sie ihr sehr ähnlich – sie ist schnell und wird friedlich bei Tageslicht. Was sie so gefährlich macht? Tja, sie ist giftig.

EINE GIFTIGE BEDROHUNG

Die Höhlenspinne überträgt das Gift durch Bisse. Experimente haben gezeigt, dass dieses schreckliche Spinnentier seine Giftzähne ins Fleisch seiner Opfer versenkt und dabei das Gift durch ein Loch in jeder Giftzahnspitze in die Wunde spritzt. Der Biss selbst verursacht auch zu einem gewissen Grad Schaden, aber für die Leidtragenden beginnt nun eine quälende Zeit mit Schmerzen. Gebissene verlieren im Sekundentakt einen Teil ihrer Gesundheit, und zwar unabhängig vom Schutzwert ihrer Rüstung. Ob ein Vergifteter lange genug aushalten kann, bis die Wirkung aufhört, hängt auch von der allgemeinen Bedrohungslage in seiner Welt ab, aber nach entweder 7 oder 15 Sekunden kann mit einer Erholung gerechnet werden.

Das Gift reduziert die Gesundheit nur bis auf ein halbes Herz, nicht weiter. Deshalb stellt die Vergiftung für Opfer, die bereits niedrige Gesundheit haben, eigentlich keine Gefahr mehr dar. Wer jedoch gebissen wurde, sieht sich erhöhter Gefahr durch weitere, potenziell tödliche Bisse derselben oder anderer Höhlenspinnen ausgesetzt. Das beste Heilmittel dagegen ist Milch. Nehmt mehrere Eimer auf Minen-Erkundungen mit.

HÖHLENSPINNENHABITAT

In den engen Minengängen kann der Abenteurer dem tödlichen Sprung der Höhlenspinne kaum entkommen. Es wird schlimmer, je weiter man in die Schächte eindringt, weil die Höhlenspinne überall ihre Netze spinnt. Wie die gemeine Spinne ist sie imstande, ungehindert durch ihre eigenen Netze zu krabbeln, während jeder Eindringling sich hilflos darin verfängt. Die Bewegungsgeschwindigkeit der Unglücklichen geht dann gegen null.

Meist trifft man auf dichte Kolonien dieser Biester. Bei Dunkelheit im Umfeld ihrer manchmal eng beieinanderstehenden Spawner sprachen Überlebende von regelrechten Trauben von Höhlenspinnen, die ganze Räume ausfüllten – von oben bis unten, da Spinnen gerne an Wänden hängen. Die Höhlenspinnen stürzten sich auf die ungebetenen Gäste und jagten sie.

SPAWNER ABSCHALTEN

Es gibt verschiedene Taktiken, um Spawner zu deaktivieren. Einige Forscher graben sich von oben an die Position des Spawners heran und kippen dann Lava über ihm aus. Die Lava verzehrt nicht nur die Spinnen, sie erhellt auch den Raum so, dass keine weiteren erscheinen können. Diese Technik ist gegen viele Monsterspawner wirksam, mit Ausnahme der Lohenspawner.

Andere schlagen vor, sich von unten an den Spawner heranzugraben und ihn von dort zu zerstören. Manche wiederum schwören auf die Taktik, eine Mauer vor dem Spawner zu errichten und ihn durch ein 1 Block großes Loch hindurch zu zerstören – nicht ratsam im Falle der Höhlenspinne, da ihr Körper durch diese Öffnung hindurchpasst. Eine Taktik für Höhlenspinnenspawner: die Netze und Spinnen mit Wasser fortspülen. Wichtig ist eine gute Ausleuchtung des Spawnerraums, um ein Erscheinen weiterer Biester zu verhindern. In jedem Fall ist höchste Vorsicht im Umgang mit diesen destruktiven Arachniden geboten.

ENDERMAN

Sonderbar, dass wir Besucher zu Gast haben, die nicht von dieser Welt stammen. Wir haben diese fremdartigen Wesen Endermen genannt. Manchmal scheinen sie fast verspielt, in anderen Momenten greifen sie erbarmungslos an. Endermen sind vermutlich hochintelligent und beten offenbar den Enderdrachen an. Bisher hat es niemand geschafft, mit ihnen zu kommunizieren.

ENDERMEN UND IHR URSPRUNG

Der Enderman stammt aus dem Ende. Interessanterweise bewohnen diese Wesen nicht die Türme der kürzlich entdeckten Endsiedlungen, sondern wandern auf offenem Gelände umher. Noch habe ich den Weg nicht entdeckt, über den sie in unsere Welten reisen. Aber sie kommen nachts und kehren tagsüber nach Hause zurück.

Sie verwenden Enderperlen, um sich wegzuteleportieren und unbehaglichen Situationen zu entkommen, zum Beispiel Regen (Wasser wirkt auf Endermen wie Gift) oder Pfeilen. Ein Enderman wird oft seine Enderperle zurücklassen, wenn er stirbt. Eine geworfene Enderperle transportiert ihren Werfer an den Ort, an dem sie niedergeht, wird dabei allerdings zerstört, und der Werfende erleidet etwas Schaden. Aus der Verbindung einer Enderperle mit Lohenstaub wird ein Enderauge. Damit aktiviert man ein Portal ins Ende.

GEWOHNHEITEN DER ENDERMEN

Es gab bislang keinen Fall, bei dem ein Enderman einen Forscher ohne Provokation angegriffen hat. Viele Baumeister jedoch ärgern sich über Endermen, die über ihre Baustellen streifen, weil sie Blöcke entfernen und versetzen.

Studien haben gezeigt, dass Endermen nicht jeden beliebigen Block aufheben. Bevorzugt werden Ton, Erde und Sand, Blumen und andere Gewächse und sogar TNT. Bislang gibt es keine Erklärung für dieses Verhalten. Manche behaupten, Endermen möchten uns so zu einer Art Spiel auffordern oder mit uns kommunizieren.

DEM ENDERMAN BEGEGNEN

Ein verärgerter Enderman ist gefährlich. Besiegte Helden berichten von seiner Kraft und dass er leicht in Rage gerät. Starrt man einen Enderman oberhalb der Gürtellinie an, passiert dies: Er beginnt wütend zu zittern, stößt einen gellenden Schrei aus und wird dann seinen »Herausforderer« ohne Umschweife attackieren. Mit der doppelten Zähigkeit eines Zombies und mit zweimal so viel Kraft ausgestattet, ist der Enderman ein ernstzunehmender Gegner. Im Kampf wird der Enderman versuchen, sich nach einem erlittenen Schlag hinter seinen Feind zu teleportieren. Wer so kühn ist, sich dem Enderdrachen zu stellen, der hüte sich vor den Endermen. Man übersieht leicht eine kleinere Bedrohung, wenn man sich einer großen stellt.

Manche stellen Endermen in der Nähe von Wasser zum Kampf. Andere fangen sie in Spinnennetzen, um zu verhindern, dass sie sich wegteleportieren. Wieder andere attackieren sie aus einem 3 Blöcke hohen Unterstand. Die Endermen sind zu groß, um hineinzugelangen. Eine mögliche Ablenkung sind Endermiten. Die Endermen hassen sie. Erscheint eine Endermite in der Nähe eines Enderman, kann er darüber so wütend werden, dass er, statt zu kämpfen, die Endermite zu zerquetschen versucht.

Um sich dem Zorn des Endermans zu entziehen, kann man sich einen Kürbis auf den Kopf setzen. Aus bisher unerklärlichen Gründen kann man dann einen Enderman sogar direkt anblicken, ohne seinen Zorn heraufzubeschwören. Welche Bedeutung mag der Kürbis an einem Ort wie dem Ende haben?

Abb. XII.

Frühe Feldskizze eines Endermans; einen Block Ton fest im Griff.

Abb. XIII.

Querschnitt durch einen Enderman. Bemerkenswert ist das relativ große Gehirn.

Abb. XIV.

Ein einsamer Eisbär neutralen Gemüts.

Der Eisbär hat eine große Körpermasse und ist so perfekt an das Leben in kälteren Biomen angepasst.

Dank seines weißen Pelzes verschmilzt er mit verschneiter Landschaft und entgeht so Feinden.

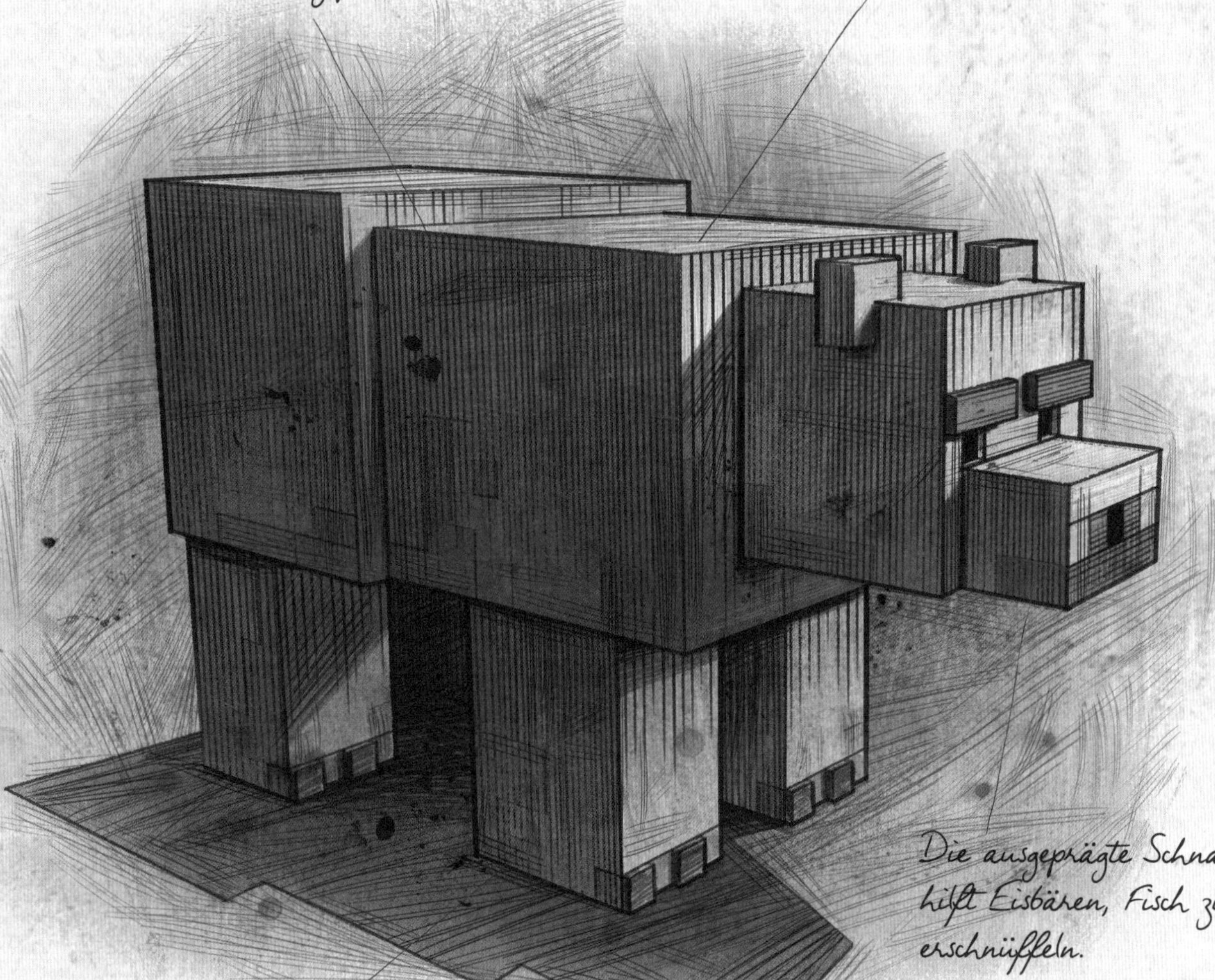

Die ausgeprägte Schnauze hilft Eisbären, Fisch zu erschnüffeln.

Seine starken Tatzen ermöglichen ein rasches Fortkommen und Durchpflügen von Wasser.

EISBÄR

Dieser Bewohner der gefrorenen Einöden ist die einzige Kreatur, die ihre Jungen beschützt. Wird der Eisbär gereizt, stellt er sich auf seine Hinterbeine – eine eindrucksvolle Drohgebärde. Wer darauf achtet, sie nicht zu verärgern, wird Eisbären als sanfte Riesen erleben, die über die Oberwelt streifen und hervorragend an ihren kargen Lebensraum angepasst sind.

ZU HAUSE IM EWIGEN WINTER

Ich habe Eisbären in den verschneiten Einöden von Tundren, eisigen Eiszapfentundren und auf eisigen Bergen entdeckt. Sie haben in diesen so ungastlichen Orten ihre Nische gefunden. Ihr dichter Pelz mit der dicken Fettschicht am Körper hält sie wunderbar warm. Sie werden üblicherweise in Familien mit einem Elternteil und seinem Jungen beobachtet, weshalb Forscher sich fragen, ob ein erwachsener Eisbär nicht am liebsten allein ist. Sie neigen nicht dazu, Rudel zu bilden. Während ihrer Wanderschaft verhalten sie sich gegenüber Abenteurern und anderen Kreaturen neutral.

FURCHTLOSER BESCHÜTZER

Der Versuch, sich einem Jungtier zu nähern, wird umgehend mit einem Angriff quittiert. Unter Gebrüll und mit Prankenhieben wird das Elterntier auf den Störenfried losgehen. Aggressive Monster wie Zombies und Skelette ziehen nicht automatisch den Zorn des Bären auf sich, wenn sie in die Nähe seines Jungen geraten. Sollten sie aber den Bären verletzen, wird er auch an ihnen Vergeltung üben. Bärenangriffe enden oft tödlich: Die Hiebe richten beträchtlichen Schaden an, und die Eisbären sind schnell. Der Bär wird sich immer zwischen sein Junges und drohende Gefahren stellen. Obwohl Einzelgänger, wird sich sein elterlicher Instinkt auch auf die Jungen anderer Eisbären erstrecken. Diese Opferbereitschaft für die folgende Generation wurde bisher bei keiner anderen Spezies beobachtet, selbst nicht bei den Dorfbewohnern.

Der Kampf mit einem Eisbären ist eine Herausforderung. Kopftreffern mit Schwert oder Pfeil weiß er auszuweichen. Will man Erfolg haben, sollte man auf den Körper zielen, was nicht so leicht ist, da sich der Eisbär beim Angriff Kopf voraus auf seinen Gegner stürzt. Die beste Strategie: Stets nah am Schädel des Bären bleiben und aus dieser Position heraus versuchen, ihn am Körper zu treffen. Doch wahrscheinlich ist es besser, eine Konfrontation mit einem Eisbären zu meiden. Sollte man gegen einen Eisbären siegreich sein, wird er Fische hinterlassen, seine Hauptnahrungsquelle. Wahrscheinlich fallen bis zu 2 weniger appetitliche rohe Fische als Beute ab, aber manchmal bleiben auch bis zu 2 der selteneren und köstlichen Lachse zurück.

DER BÄR UND DAS WASSER

Eisbären werden häufig in der Nähe von Meeren, Flüssen und Seen gesehen, da sie das Wasser lieben. Wir würden nie auf die Idee kommen, in einen beinahe tiefgefrorenen See zu springen. Den Eisbären scheint es zu gefallen, auch wenn ihr Pelz lange braucht, um zu trocknen.

Vielleicht mag er es auch, im Lebensraum seines Lieblingsessens herumzuschwimmen. Demnach muss er seine besonderen Fähigkeiten auch dazu einsetzen, Lachs und anderes fischiges Fressen zu fangen, obwohl es noch nicht gelungen ist, ihn dabei zu beobachten. Der Bär ist ein guter Schwimmer, sicher der beste von allen Landbewohnern, und könnte jeden darin leicht ausstechen.

Die Leidenschaft des Eisbären fürs Schwimmen ist bestimmt auch für seine kluge Reaktion verantwortlich, sollte er je in Brand geraten: Er wird zum nächstgelegenen Wasser eilen, um seinen Pelz zu löschen.

SPINNE

Die großen Spinnen der Oberwelt sind komplexe Lebensformen. Sie sind unberechenbar und Abenteurern gegenüber in einem Moment neutral, im nächsten aggressiv. Aber wem es gelingt, sich in den Geist einer Spinne hineinzuversetzen, dem wird klar werden, dass er in ihr keine Bedrohung sehen muss. Genau das werden wir tun. (Achtung: Verwechselt nicht die Spinne mit der Höhlenspinne!)

SPINNENHABITAT

Die Spinne ist eine Kreatur der Dunkelheit. Sie erscheint nachts in Vierergruppen in der Oberwelt in schattigen Wäldern und Höhlen. Doch Spinnen krabbeln auch unbehelligt im Tageslicht umher.

Spinnen sind schneller als die meisten Kreaturen und können springen und klettern. Sie passen durch flache, nur 1 Block hohe Passagen. Man trifft sie deshalb an merkwürdigen Plätzen: auf Dächern, unter Dachsparren und anderen heiklen Orten. Wenn man von einer Spinne gejagt wird, kann die Flucht zum Problem werden. Wie kann man Spinnen davon abhalten, eine Wand zu erklettern? Baue Vorsprünge am oberen Rand, welche die Spinnen nicht überklettern können. Ein überhängendes Dach zum Beispiel kann Spinnen davon abhalten, hinaufzugelangen oder gar durch den Schornstein zu krabbeln.

VERHALTEN DER SPINNE

Aber warum würde eine Spinne angreifen? Trotz intensivem Studium bin ich zu keinem definitiven Schluss gekommen. Die Spinne wird den Abenteurer an hellen Plätzen in Frieden lassen und sogar neugierig seine Handlungen beobachten. Aber nur solange ihr vom Abenteurer nicht geschadet wird. Sonst geht die Spinne sofort zum Gegenangriff über.

Während der Nacht oder an dunklen Orten jedoch ist die Spinne aggressiv. Ihre Gefährlichkeit wird durch ihre dunkle Färbung verstärkt. Die macht es schwer, eine Spinne im düsteren Licht zu erkennen. Haltet immer Ausschau nach den glühenden roten Augen und horcht nach den unverkennbaren Zischlauten. Viele Gelehrte behaupten, dass eine verärgerte Spinne auch an hellen Plätzen ihren Angriff fortsetzt, aber man kann ihre Aggression stoppen: Wenn ihr etwa durch Kakteen oder durch Fall Schaden zugefügt wird, vergisst sie ihr ursprüngliches Ziel.

Es lohnt sich, gegen Spinnen zu kämpfen, weil sie 2 nützliche Gegenstände hinterlassen. Am häufigsten Fäden; wichtig für Bögen, Leinen und Angeln. Weniger oft wird ein Spinnenauge hinterlassen. Diese sind zum Brauen von Tränken der Vergiftung notwendig, oder sie können fermentiert werden, um verschiedene andere mächtige Tränke zu brauen, einschließlich Tränken des Schadens. Keiner weiß, warum ein Spinnenauge so tödlich ist, da die Spinne an sich kein Gift produziert.

SELTENE TALENTE

Die Spinne hat die Fähigkeit, dem Flug eines Pfeils zu folgen, um den Abenteurer ausfindig zu machen, der ihn abgeschossen hat. Da sie immun gegen Vergiftung ist, wirkt ein Pfeil der Vergiftung bei ihr nicht.

Man sollte sich der Existenz von einigen ungewöhnlich mächtigen und seltenen Spinnenwesen bewusst sein. Der Spinnenreiter wird zwar an anderer Stelle besprochen, aber Abenteurer, die schwere Welten erforschen, werden gelegentlich auch auf verzauberte Versionen stoßen. Einige sind schnell, einige unsichtbar, andere besonders stark. Zum Glück haben Spinnen wenigstens einer guten Schwertklinge wenig entgegenzusetzen. Seid trotzdem stets auf der Hut vor diesen kunstfertigen Arachnoiden.

Abb. XV.

Sezierte Ansicht der gemeinen Oberweltspinne, im Querschnitt das Fadenproduktionssystem.

Abb. XVI.

Der schreckliche Anblick eines Schweinezombies, entdeckt beim Wandern im Nether.

SCHWEINEZOMBIE

Auf diese entstellten Wesen trifft man in den höllischen Tiefen des Nethers. Weil sie verdreckte Goldschwerter und zerlumpte Kleidung tragen, sind Historiker zu dem Schluss gekommen, dass Schweinezombies die Überreste einer einst stolzen Rasse von Schweinewesen sind, deren Zivilisation irgendwann unterging. Leider sind noch keine archäologischen Beweise dafür entdeckt worden.

STÄTTEN DER SCHWEINEZOMBIES

Das Fleisch des Schweinezombies verrottet und fällt von seinen Knochen. Er stößt Stöhn- und Quieklaute aus. Trotz seines bestialischen Aussehens ist er friedfertig, solange man ihn in Ruhe lässt. Schweinezombies reagieren auf Angriffe extrem gereizt. Vermeidet sie!

Sie lassen sich dabei beobachten, wie sie langsam über die weiten Netherrackflächen wandern, dabei Gruppen bilden und manchmal auch von ihren kahlschädeligen Kindern begleitet werden. Aber Schweinezombies sind auch keine Fremden in der Oberwelt. Anscheinend gelingt es ihnen immer wieder, durch Netherportale unsere Welten zu betreten. In seltenen Fällen werden Schweine durch einen Blitzschlag in einen Schweinezombie verwandelt.

WÜTENDE SCHWEINEZOMBIES

Ein einzelner Schweinezombie stellt meist keine besondere Gefahr dar. Er ist nicht zäher als ein Zombie (aber widerstandsfähig gegen Feuer). Während er Schläge mit seinem Goldschwert austeilt, kann ihm mit Schwert und Schild leicht Paroli geboten werden.

In Massen stellen Schweinezombies jedoch eine größere Bedrohung dar. Wird einer von ihnen angegriffen, ruft er seine Kameraden durch Hilfeschreie zu sich. Man sieht sich plötzlich einer Wand aus verrottendem Schweinefleisch gegenüber. Nur wer auf dem Absatz kehrtmacht und rennt, kann vielleicht seine Haut retten. Wütende Schweinezombies verfolgen ihre Opfer. Haben sie ihr Ziel ausgemacht, schreien sie auf. Das ermuntert andere Schweinezombies in der Nähe, sich der Hatz anzuschließen.

Wer es schafft zu flüchten, kann davon ausgehen, dass sich die Schweinezombies beruhigen und ihre Gegner nach ungefähr 40 Sekunden vergessen. Sich kurzzeitig durch ein Portal zurück in die Oberwelt zu flüchten ändert daran allerdings nichts. Bei der Rückkehr werden die Schweinezombies immer noch aggressiv sein. Vielleicht existiert im Nether eine andere Zeitebene?

KAMPF GEGEN SCHWEINEZOMBIES

Der Kampf gegen den Schweinezombie ist das Risiko wert, denn manche dieser Wilden hinterlassen nach dem Ableben Gegenstände aus Gold. Meistens sind das Goldklumpen, die für goldene Karotten und glitzernde Melonenscheiben verwendet werden können. Werden sie direkt von einem Abenteurer getötet, können Schweinezombies auch mal ihre Goldschwerter und sogar Goldbarren hinterlassen. Abgebrühte Abenteurer vermeiden es, die Wut der Schweinezombies zu wecken, und bringen jeden einzeln um die Ecke, ohne dass sie einen Mucks von sich geben können. Brutal. Eine solche Strategie erfordert, dass man einen Trank der Stärke II trinkt, eine Diamantaxt packt und sich von oben auf das Ziel stürzt – was diese Meuchler als »kritischen Treffer« bezeichnen.

Man könnte solche Gewalt rechtfertigen, wenn man an den Hass denkt, den Schweinezombies auf Dorfbewohner haben. Sie würden jederzeit die Siedler jagen und niederstrecken. Welche vergangenen Ereignisse könnten bloß solche Barbarei angeregt haben?

Einige Forscher haben berichtet, dass die Schweinezombiegemeinde an jedem 31. Oktober ein Fest feiert, zu dem sie Kürbisse auf ihren Köpfen tragen.

HILFREICHE KREATUREN

Es ist möglich, 2 Kreaturen zu erschaffen, die ihren Schöpfer vor den Übergriffen aggressiver Monster beschützen werden. Werfen wir einen Blick auf die Erschaffung dieser hilfreichen Kreaturen und lernen verstehen, wie sie uns von Nutzen sein können.

Abb. XVII.

Querschnittskizze eines Eisengolems. Jenes Exemplar fand leider im Nether sein Ende.

EISENGOLEM

Nicht alle Einwohner dieser Welt wollen den Abenteurern schaden. Tatsächlich setzen einige von ihnen ihre Stärke und Ausdauer für das Gute ein. Der mächtigste von ihnen ist der Eisengolem. Diese Riesen sind zu großer Brutalität fähig und können viel Schaden aushalten. Nur der Wither und der Enderdrache vertragen mehr. Nur gut, dass der Eisengolem auf unserer Seite steht.

DIE GOLEMS EINES DORFS

Eisengolems werden für gewöhnlich von ihren Erbauern geschaffen, kommen aber auch natürlich vor. Wanderer auf der Oberwelt begegnen ihnen in Dörfern mit 10 oder mehr Bewohnern. Noch ist nicht klar, wie und wann Dorfbewohner ihre Eisengolems herbeirufen, doch irgendwann taucht einer im Dorf auf.

Dorfbewohner scheinen eine enge Beziehung zu ihren mit Ranken überzogenen Wächtern zu pflegen und mit ihnen kommunizieren zu können. (Leider ist es mir nie gelungen, von einem Eisengolem eine Antwort zu bekommen.) Eisengolems pflücken Mohn und tragen Blumen spazieren, zur Freude ihrer befreundeten Dorfbewohner. Kinder der Dorfbewohner sind dabei beobachtet worden, sich dem Golem zu nähern und ihm die Blume aus der Hand zu nehmen. Ganz entzückend.

GOLEMS IM KAMPF

Eisengolems patrouillieren das Dorf, zu dem sie gehören, und greifen alles an, was einen Dorfbewohner verletzt. Da Dorfbewohner meistens von Zombies ins Visier genommen werden, sind diese Untoten auch der Lieblingsfeind der eisernen Kolosse. Mit nur 1 oder 2 Schlägen befördern sie die Zombies ins Jenseits. Die Kraft, mit der ein Eisengolem sein Ziel trifft, kann sehr unterschiedlich ausfallen, wird aber an ihrem Höhepunkt nur noch von der Explosion eines Creepers übertroffen. Mit ihren langen Armen reichen Golems auch durch eine 1 Block dicke Wand.

Eisengolems nehmen keinen Fallschaden und ertrinken nicht. Trotzdem sind sie nicht unzerstörbar. Sie müssen sich vor allem vor Zombiebelagerungen hüten. Sollte ein Eisengolem sterben, hinterlässt er immerhin 3 bis 5 Eisenbarren und bis zu 2 Mohnblumen.

Jeder Abenteurer, der denkt, er könne einem Dorfbewohner Schaden zufügen, wird sich den Eisengolems stellen müssen. Sie greifen jeden an, der ihre Freunde bedroht. Manche Schlauköpfe versehen ihre Waffe mit der Verzauberung »Plünderung,« um eine bessere Beute zu machen – doch Eisengolems sind immun gegen diese Art der Verzauberung. Für die meisten Schatzjäger lohnt der Kampf mit einem Eisengolem nicht.

DIE ERSCHAFFUNG EINES GOLEMS

Ein eigener Eisengolem ist eine praktische Verteidigungsmaßnahme. Er wird jeden Dorfbewohner verteidigen, aber trotzdem loyal gegenüber seinem Erbauer bleiben. Dieser sollte ihm eine Leine anlegen, damit er folgt.

In Anbetracht der Kräfte, die in einem Eisengolem stecken, ist sein Aufbau überraschend einfach: Man benötigt nur 4 Eisenblöcke und 1 Kürbis. Ein Eisenblock wird aus 9 Eisenbarren gefertigt. Also muss man insgesamt 36 Blöcke Eisenerz abbauen und schmelzen. Die Eisenblöcke werden in T-Form angeordnet, der Kürbis wird auf die Spitze gesetzt. Dann erwacht der Eisengolem zum Leben.

Der Kürbis muss immer zuletzt platziert werden. Unterhalb der Blöcke, die die Arme bilden, muss freier Platz bleiben, da sonst die kosmische Energie bei der Erschaffung nicht fließen kann. Die Konstruktion muss aber nicht zwingend senkrecht stehen. Sie kann auch waagrecht und sogar kopfüber angelegt werden.

SCHNEEGOLEM

Nur eine einzige Kreatur kann ausschließlich durch die Hände eines Abenteurers geschaffen werden. Der Schneegolem ist ein fremdartiger Zeitgenosse und besitzt viele der Eigenschaften eines Eisengolems, nicht aber dessen Kraft und Zähigkeit. Ein Schneegolem kann einem Forscher auf vielerlei Weise nützlich sein, trotz seines angsteinflößenden Kopfes – ist ja nur ein Helm.

ZUSAMMENBAU

Ein Schneegolem wird ähnlich wie ein Eisengolem zusammengesetzt: 2 Schneeblöcke übereinander und darauf ein Kürbis – eine Kürbislaterne funktioniert ebenso. (Auch hier sind liegende und auf dem Kopf stehende Konfigurationen zulässig.) Sofort durchströmt kosmische Energie den Schnee und erfüllt den Golem mit Leben.

Eine kurze Klarstellung: Ich glaube, dass Schneegolems auch erscheinen können, ohne dass ein Abenteurer Hand anlegt. Meine These: Die Neigung des Endermans, Blöcke aufzuheben und zu versetzen, könnte dazu führen, dass er einen Kürbis auf einen Stapel Schneeblöcke legt. Die Wahrscheinlichkeit dafür ist sehr gering, aber Augenzeugen haben mir schon davon berichtet.

Der Schneegolem sieht mit seinen Kohleknöpfen und Stockarmen einem Schneemann ähnlich, doch sein Kürbiskopf blickt eher finster drein. Für uns stellt er aber keine Bedrohung dar. Möchte man einen Schneegolem loswerden, reicht ein einziger Streich mit einem Holzschwert, und der Golem zerfällt. Ähnliches passiert mit ihm im heißen Klima von Wüsten, Savannen, Tafelbergen und im Nether: Er schmilzt dahin.

EINSATZ VON SCHEEGOLEMS

Ein Schneegolem reagiert nicht auf seinen Erbauer und folgt ihm nur mit einer Leine. Er bewegt sich vorwärts, indem er eine dünne Schneeschicht unter seinen Füßen hinterlässt und darauf rutscht.

Der Golem hinterlässt diese Schneeschicht in kühlerem Klima, wie es in Taigas, extremen Bergen, Ebenen, Wäldern und auch dem Ende herrscht. Das ist einer der Vorteile des Schneegolems: Er versorgt einen mit Schneebällen oder auch Schnee, für diejenigen, die ein Iglu bauen möchten. Größere Mengen lassen sich sammeln, indem man einen Schneegolem in eine 1 Block enge Nische sperrt, deren untere Hälfte frei bleibt. Der Golem wird unablässig Schnee absondern. Die Zwickmühle stört ihn nicht.

SCHNEEBALLKRIEGER

Man kann den Schneegolem als Wächter einsetzen, obwohl seine Wirksamkeit mit der eines Eisengolems nicht vergleichbar ist. Seine einzige Waffe ist der Schneeball, den er mit einer Feuerrate von einem Ball pro Sekunde aggressiven Monstern an den Kopf wirft. Diese Schneebälle verursachen keinen Schaden, aber sie verpassen ihren Zielen einen kleinen Schubs und stoßen sie zurück. In brenzligen Situationen kann das durchaus den Unterschied machen. Schützt eure Schneegolems, da sie keine 2 Bisse eines Zombies aushalten.

Erforscher des Nethers werden die Wirksamkeit eines Schneeballs gegen Lohen schätzen. Leider schmilzt der Schneegolem in der Hitze des Nethers. Man kann ihn aber mit einem Wurftrank der Feuerresistenz schützen. Die meisten Krieger werden sich jedoch lieber selbst mit Schneebällen bewaffnen.

Obwohl der Schneegolem beim Enderman keinen Schaden anrichten kann, wird jeder Schneeball den Enderman dazu veranlassen, sich zu teleportieren. So bietet der Golem Schutz durch Ablenkung. Mancher baut sich im Ende eine Armee aus Schneegolems, weil dort verärgerte Endermen eine ständige Gefahr darstellen.

Abb. XVIII.

Aktuelle Skizze eines Schneegolems, kurz nachdem ich ihn erschaffen hatte.

AGGRESSIVE MONSTER

Kommen wir nun zu den Schrecken dieser seltsamen Welt, ihren aggressiven Monstern. Diese Geschöpfe sind tückisch und niederträchtig und haben nur eines im Sinn: euch zu töten. Seid beim Studium der folgenden Seiten also besser hoch konzentriert.

Abb. XIX.

Diese Skizze entstand bei einer Begegnung mit der eindrucksvollen Lohe, wie sie gerade zum Angriff ansetzt.

LOHE

Die ersten Schilderungen der furchterregenden Lohe haben wir einem der Pioniere des Nethers zu verdanken. Er beschrieb ein Geschöpf aus Feuer, das die Erforschung einer Netherfestung verhinderte. Die Notiz wurde einige Zeit später gefunden, doch von dem Forscher keine Spur. Nicht verwunderlich, denn Lohen schleudern explosive Feuerbälle auf jeden, der ihnen zu nahe kommt.

DIE PHYSIOLOGIE DER LOHE

Wir wissen heute, dass die Lohe nicht aus Feuer besteht. Erspäht man ein Exemplar in seinem passiven Status, wird man sehen, dass der Körper ein gelber Block ist, der von Ruten umkreist wird. Im passiven Zustand wird die Lohe für gewöhnlich nicht fliegen, sondern knapp über dem Boden schweben oder in Lava schwimmen. Forschungsreisende sollten auf ihr unverwechselbares Stöhnen achten, denn wenn eine Lohe einen Forscher sieht, wird sie ihren Körper – bereit zum Kampf – in Flammen hüllen.

Die Lohe entsteht im Nether nur in Netherfestungen; sie verdankt ihre Existenz meist einem Spawner, der sie herbeizaubert. Offenbar ist sie programmiert, Netherfestungen zu schützen.

EIN KAMPF GEGEN FEUER

Die Lohe kämpft auf Distanz und bombardiert ihre Feinde mit Salven aus 3 Feuerbällen. Trifft ein Schuss, setzt er sein Ziel in Flammen. Wenn man glaubt, die mangelnde Zielgenauigkeit der Lohe sei ihre große Schwäche, gebe ich zu bedenken: Feuerbälle, die ihr Ziel verfehlen, verwandeln bei einem Kampf auf Netherrack den Boden in ein lichterlohes Chaos. Besser, man nimmt prophylaktisch einen Trank der Feuerresistenz zu sich, der vor dem Beschuss von Lohen und möglichen Bränden schützt.

Die beste Waffe gegen die Lohe ist wohl der Schneeball, der sie in 7 Treffern zu bezwingen vermag. Ein Kampf mit Schneebällen braucht zudem Abstand, sodass die Nahkampfangriffe der Lohe ins Leere gehen. Gut so, denn Feuerresistenz schützt hier nicht. Jeder Reise in den Nether sollte ein Besuch in einem schneebedeckten Biom oder auf einem Berggipfel vorausgehen, um Schneebälle zu sammeln oder sich diese von einem Schneegolem produzieren zu lassen. Entdecker sollten auch stets einen Wassereimer im Gepäck haben, um Brände löschen und Wasser auf eine Lohe gießen zu können.

Eine alternative Strategie: Den Drang der Lohe, alles anzugreifen, was sie verletzt – inklusive anderer Lohen – für sich zu nutzen. Man mischt sich also unter wütende Lohen, um einen Kampf unter ihnen anzuzetteln. Dabei widmet man seine Aufmerksamkeit stets direkt dem Lohenspawner, um zu verhindern, dass noch mehr erscheinen. Natürlich nur, wenn man nicht gerade die Gegenstände sammelt, die sie hinterlassen.

DIE ERTRAGREICHE LOHE

Lohen sind grässliche Biester, aber auch die Quelle für einen sagenhaft nützlichen Gegenstand: die Lohenrute. Sie ist heiß und riecht nach Schwefel. Studien haben gezeigt, dass in ihr viel Energie gespeichert ist. Die Lohe nutzt diese Energie, um das Feuer um sie herum sowie die heißen Gase zu erzeugen, die sie fliegen und ihre Lohenfeuerkugeln entstehen lassen.

Lohenruten können zusammen mit Bruchstein zu Braueständen verarbeitet werden; sie stellen dabei die Wärmequelle dar. Die Ruten ergeben zudem Lohenstaub, der wiederum als Brennstoff in Braueständen dient. Lohenstaub ist auch eine Zutat bei der Herstellung einiger höchst nützlicher Gegenstände wie etwa Enderaugen, mit denen man ein Portal ins Ende aktivieren kann. Jeder Forscher, der einmal das Ende aufsuchen will, wird einige Lohen bezwingen müssen.

HÜHNERREITER

Der Hühnerreiter lässt uns alles infrage stellen, was wir über die natürliche Ordnung der Dinge wissen. Was könnte ein Huhn dazu veranlassen, das verrottende Kind eines Zombies rittlings auf seinem Rücken sitzen zu lassen? Und woher kommt der bizarre Zwang des kindlichen Zombies, auf ein Huhn aufzusitzen? Beim Anblick dieser Paarung dreht sich einem der Magen um.

HÜHNERREITER-HABITATE

Es gibt einen Sachverhalt über die Verbindung zwischen Huhn und Zombie, der gut veranschaulicht, wie unnatürlich diese Union ist: Wenn man einen Wurftrank der Heilung auf einen Hühnerreiter wirft, wird dem Zombie Schaden zugefügt, weil er untot ist. Das Huhn wird geheilt. Mit einem Wurftrank des Schadens nimmt das Huhn Schaden, weil es lebt, und der Zombie wird geheilt.

Zum Glück ist der Hühnerreiter ein äußerst seltener Anblick. Am häufigsten tritt diese Paarung noch in der Oberwelt in den natürlichen Lebensräumen des Huhns auf, sie kann jedoch auch woanders angetroffen werden. Man sieht sie womöglich sogar durch den Nether streifen, wo auf dem Huhn anstelle eines Zombiekinds ein Schweinezombiekind reitet. Interessanterweise agieren Schweinezombiekind -Hühnerreiter genau wie Schweinezombies: Sie greifen einen Abenteurer nur dann an, wenn man sie provoziert.

Schätzungsweise begegnet man in Hühnergebieten bei 200 Zombies einem Hühnerreiter. In Gebietenn ohne Hühner sinkt die Wahrscheinlichkeit auf eine in 400 Begegnungen. Neben Zombiekindern und Schweinezombiekindern trifft man selten auch auf Dorfbewohnerzombiekinder als Hühnerreiter.

VERHALTEN UND GEWOHNHEITEN

Das Huhn scheint streng unter der Kontrolle des Zombies zu stehen und bewegt sich daher wie ein Zombiekind, weit schneller als normal. Wenn das Paar aus gewisser Höhe in die Tiefe fällt, sorgt das Flügelflattern des Huhns für einen gebremsten Fall. Also muss ein Teil seines Selbsterhaltungstriebs intakt sein. Außerdem kann man einen Hühnerreiter, der nicht auf einen Angriff aus ist, mit Samen zu sich locken. Das sieht man am häufigsten bei Hühnern, die von passiven Schweinezombiekindern geritten werden. Wie es scheint, hat der Reiter nicht die volle Kontrolle über sein Huhn. Bemerkenswert ist, dass ein Reithuhn keine Eier legt. Vielleicht ein Hinweis darauf, dass es unter Stress steht.

Obwohl der Hühnerreiter wie eine Einheit agiert, ist er keine. Sowohl Huhn als auch Zombie können getötet werden, der andere Teil bleibt am Leben. Wird ein Huhn von einem Krieger niedergestreckt, kann der Reiter den Kampf fortsetzen. Es ist eine wahre Herausforderung, den Reiter nicht zu treffen: Man muss mit seinen Hieben stets auf die Füße des Huhns zielen. Wird der Reiter getötet, greift das Huhn zum Glück nicht weiter an und ist wieder frei. Sowohl Huhn als auch Reiter hinterlassen ihre üblichen Gegenstände beim Ableben.

INTERESSANTE BEOBACHTUNGEN

Einen weiteren Beleg für das angespannte Verhältnis zwischen dem Reiter und seinem Reittier findet man in dem seltenen Fall, wenn ein Hühnerreiter einen Raum von nur einem Block Höhe betritt. Mehrere Fachzeitschriften beschreiben, wie das Huhn dort frei herumlaufen kann, der Zombie jedoch im Block darüber erstickt.

Das Huhn ist nicht das einzige Geschöpf, das von Untoten geritten wird. Die geneigten Leser finden auf späteren Seiten dieses Buchs Einträge zum Skelett- wie Spinnenreiter, 2 weitere gar schreckliche Paarungen.

Abb. XX.

Der schauderhafte Hühnerreiter (Zombiekind-Variante).

Abb. XXI.

Skizze eines heranpirschenden Creepers, entstanden auf einem meiner frühen Abenteuer.

Sein winziges Gehirn ist darauf programmiert, Abenteurern aufzulauern und bei passender Gelegenheit TNT zu zünden, um maximale Zerstörung anzurichten.

Die stets nach unten zeigenden Mundwinkel lassen vermuten, dass den Creeper eine tiefe Traurigkeit umgibt.

Abb. XXII.

Diese Querschnittskizze basiert auf gesammelten Körperteilen eines Creepers, nachdem er versucht hat, sich zu sprengen, während er zum Teil unter Wasser war.

Der Creeper hat einen niedrigen Schwerpunkt. Dank seiner 4 kurzen Beine kann er beinahe lautlos umherhuschen.

CREEPER

Schwer zu verstehen, dass Bilder oder Nachbildungen dieses Monsters uns auch heute noch faszinieren. Bereits in alten Wüstentempeln findet man Abbildungen. Woher kommt diese Popularität? Liegt es daran, dass man Creepern so oft begegnet? Oder ist es ihre widersprüchliche Natur? Jeder Abenteurer hat diese furchterregenden – und irgendwie lächerlichen – Ungeheuer schon getroffen.

CREEPER-LEBENSRÄUME

Auf Creeper stößt man überall in der Oberwelt, wo Dunkelheit herrscht: in Höhlen, Wäldern und auch des Nachts. Sie fangen jedoch auch im Sonnenlicht nicht Feuer. Man wird leicht von einem Creeper überrascht, denn das Erste, was man von ihnen hört, ist das Zischen, das ihrer mächtigen Explosion vorausgeht. Creeper verdanken ihren Namen wohl ihrem heimtückischen Anschleichen.

Eine Creeper-Explosion kann einen daneben stehenden Abenteurer sofort töten, auch in voller Diamantrüstung. Selbst in einer Entfernung von mehreren Blöcken verletzt sie noch schwer. Viele fürchten den Creeper jedoch, weil er in der Lage ist, ihre Bauwerke zu zerstören.

EXPLOSIVKRAFT

Fundstücke deuten darauf hin, dass die Explosion durch aufgestautes Gas im Körper des Creepers verursacht wird. Die Explosion ist dabei kaum schwächer als eine TNT-Explosion. Die Frage bleibt: Warum sprengt sich ein Creeper selbst in die Luft? Manche behaupten, dass bei der Explosion Sporen verteilt werden, aus denen neue Creeper entstehen. Andere glauben, dass die Creeper uns einfach nur schaden wollen.

Der Creeper beginnt mit einem sehr kurzen Countdown von 1,5 Sekunden, sobald er sich einem Abenteurer bis auf wenige Blöcke genähert hat. Um die Detonation zu verhindern, muss der Abenteurer sofort auf Abstand zu dem Creeper gehen. 4 Blöcke sollten genügen. Wenn der Countdown eines Creepers abgebrochen wird, kann dieser für kurze Zeit keinen neuen Countdown starten; man ist erst mal sicher.

Ebenso in Acht nehmen muss man sich vor geladenen Creepern, die man an ihrer bläulichen Aura erkennt. Sie entstehen, wenn ein Blitz in der Nähe eines gewöhnlichen Creepers einschlägt, und sie explodieren im Vergleich zu diesem mit doppelter Wucht. Interessant: Tötet ein geladener Creeper Zombies, Skelette, Witherskelette oder andere Creeper, hinterlassen diese ihre Köpfe.

DEN CREEPER BEKÄMPFEN

Der Bogen ist bei einem Creeper die beste Waffe, da der Nahkampf zu gefährlich ist. Muss man sich in ein Handgemenge begeben, sollte man seinem Schwert die Rückstoß-Verzauberung spendieren. Es mag auch gelingen, Creeper in Spinnennetzen zu fangen, was ihre Explosion hinauszögert. Und immer rückwärts vor ihnen weglaufen, denn man hat kaum Zeit, sich zuerst umzudrehen. Kämpfe gegen Creeper können lohnend sein, da diese schon mal Schwarzpulver hinterlassen, das für die Herstellung von TNT, Wurftränken und Feuerwerksraketen benötigt wird.

Ein Haus wäre nur gegen Creeper geschützt, wenn es aus Obsidian gebaut wäre. Das ist nicht praktikabel. Dennoch kann man sich behelfen: Leuchtet alle Bereiche gut aus, um zu verhindern, dass Creeper auftauchen. Baut Gräben, um sie zu fangen (ein Creeper kann nur einen Block hoch springen). Der Schaden, den eine Creeper-Explosion anrichtet, ist im Wasser deutlich reduziert, der Bau eines Wassergrabens ist also auch eine Option. Creeper haben Angst vor Ozelots und Katzen. Lasst ein paar davon durch euer Haus streifen. Vor allem aber seid wachsam.

GROSSER WÄCHTER

Entdecker stießen in den Tiefen der Ozeane auf riesige Tempel – und die Bestien, die in ihnen hausen. Wir wissen, dass diese sogenannten Wächter die Ozeanmonumente nicht selbst errichtet haben. Aber sie beschützen sie, und der groteske große Wächter steht ihnen voran. Er ist furchterregend und der Grund, warum meine Studien der Ozeanmonumente unvollständig sind.

LEBENSRAUM DES GROSSEN WÄCHTERS

In den Kammern eines Ozeanmonuments trifft man jeweils 3 große Wächter an. Man kann sie leicht von den gewöhnlichen Wächtern unterscheiden, denn sie sind doppelt so groß und bleich wie der Tod. Ihre Haut hat an vielen Stellen Risse. Der Blick ihres einzelnen weißen Auges ist so undurchschaubar wie grausam. Zum Glück bewegen sich die großen Wächter behäbiger als ihre kleineren Pendants. Die Verbindung der großen Wächter zu Ozeanmonumenten bedeutet, dass sie selten sind und obendrein immer seltener werden, da sie sich nicht vermehren können. Einmal von Abenteurern erlegt, kehren sie nicht wieder zurück. (Es wurde diskutiert, ob man nicht Gruppen aussenden soll, um sie ein für alle Mal auszurotten, doch es werden täglich neue Ozeanmonumente entdeckt. Die Verluste wären beträchtlich.)

DER KAMPF GEGEN DAS GRAUEN

Der große Wächter hat viele Fähigkeiten mit den kleineren Exemplaren gemeinsam. Konsultiert also den Eintrag zu den gewöhnlichen Wächtern. Der große Wächter hat jedoch auch einzigartige Fähigkeiten, zum Beispiel seine Zähheit. Er kann beinahe dreimal so viel Schaden einstecken wie sein kleineres Pendant. Und seine Angriffe sind noch tödlicher.

Gelingt es, einen großen Wächter zu bezwingen, kann dieser bis zu 2 Prismarinscherben hinterlassen, eine Substanz, die sich zu unterschiedlichen Prismarinblöcken verarbeiten lässt. Daraus wiederum sind Ozeanmonumente gebaut. Der große Wächter hinterlässt auch mal einen Prismarinkristall, eine Zutat für Seelaternen.

Wird ein großer Wächter getötet, kann er außerdem einen nassen Schwamm hinterlassen, darüber hinaus Prismarinkristalle oder rohen Fisch. Manche sehen darin einen Beweis dafür, dass seine Ernährung aus Fisch und anderen im Wasser anzutreffenden Nahrungsmitteln besteht. Wächter wurden allerdings noch nie abseits ihrer Monumente gesichtet, um Meeresgetier zu fangen. Man kann große und gewöhnliche Wächter dabei beobachten, wie sie jeden Tintenfisch angreifen, der ihnen zu nahe kommt. Doch warum? Ein Tintenfisch stellt mit Sicherheit keine Bedrohung für sie dar.

BECHÜTZER DER TEMPEL

Der große Wächter kann über große Entfernungen die Präsenz von Abenteurern wahrnehmen. Jeder innerhalb einer Distanz von 50 Blöcken erlebt eine Attacke, bei dem der große Wächter erscheint und um seinen Körper herumhuscht. Dem Opfer wird dabei kein wirklicher Schaden zugefügt, allerdings wird es mit einer starken Form eines Effekts belegt, der so genannten Abbaulähmung, die 5 Minuten anhält und Bergbauaktivitäten stark verlangsamt. (Es wird empfohlen, Milch zu trinken, um dem Effekt entgegenzuwirken.)

Die meisten Gelehrten glauben, dass der große Wächter ein Beschützer seines Monuments ist: Indem er Eindringlinge abhält, dort Bergbau zu betreiben, verhindert er, dass das Monument beschädigt wird. Wer weiß: Wenn er sich nicht fortpflanzen kann, ist er womöglich so alt wie die Steine des Monuments selbst.

Abb. XXIII.

Ein großer Wächter im Angriffsmodus. In einem Ozeanmonument feuert er seinen tödlichen Strahl auf einen Eindringling ab.

Abb. XXIV.

Auf meinen Reisen entstandene Skizze einer kleinen Gruppe Endermiten.

ENDERMITE

Das Ende ist in vielerlei Hinsicht sonderbar. Die Frage, wo es sich befindet, gibt den Wissenschaftlern noch immer Rätsel auf. Und dann ist da die Endermite. Wie kann dieses kleine Geschöpf so große Fragen aufwerfen? Die Endermite ist ein Schädling, ein beißendes Ärgernis von so geringer Größe, dass es schwierig ist, es mit seinem Schwert zu treffen.

WIE ENDERMITEN ERSCHEINEN

Die Begegnung mit einer Endermite kann nur die Folge einer durch den Wurf einer Enderperle ausgelösten Teleportation sein. Die Enderperle wird von Endermen hinterlassen. Wenn man sie wirft, springt man augenblicklich zu dem Ort, an dem sie auftrifft. In diesem Moment kann es passieren, dass eine Endermite erscheint und einen angreift.

Nach einigem Herumexperimentieren, das nicht immer angenehm war (jede einzelne Teleportation verursacht kleine Verletzungen), bin ich zu dem Schluss gekommen, dass eine Endermite etwa bei jedem 20. Sprung erscheint.

ENDERMITEN BEKÄMPFEN

Der Biss von Endermiten ist nicht fest, doch sie sind entschlossen und zäh. So können sie einen Schlag selbst mit einem Diamantschwert einstecken, erst der zweite macht ihnen den Garaus. Einige Abenteurer bedienen sich daher der Verzauberung »Nemesis der Gliederfüßer«, damit sie eine Endermite mit einem einzigen Schlag töten können. Diese Mühen sind jedoch sinnlos, da es nicht belohnt wird, sie niederzustrecken.

Historische Aufzeichnungen besagen, dass Endermiten eine Zeit lang auch bei der Teleportation von Endermen auftreten konnten. Glücklicherweise ist dies nicht mehr der Fall – sicher eine gute Entwicklung für diese Geschöpfe, da der Enderman die Endermite verabscheut. Lustig, dass etwas so Kleines einem Enderman so großen Verdruss bereiten kann. Abenteurer berichten tatsächlich von Kämpfen gegen Endermen, bei denen diese plötzlich von ihnen abließen und stattdessen auf die Winzlinge losgegangen sind.

DIE URSPRÜNGE DER ENDERMITTEN

Angesichts ihres Namens sollte man davon ausgehen, dass Endermiten im Ende leben. Allerdings hat man dort bisher keine angetroffen, außer als Folge der besagten Enderperlensprünge. Man vermutet, dass sie an einem Ort zwischen den Dimensionen leben.

Andere Gelehrte weisen darauf hin, dass die lilafarbene Partikelspur der Endermiten einem Phänomen ähnelt, das man auch bei Endermen beobachten kann. Doch die Partikel weisen ein unterschiedliches Verhalten auf. Die Teilchen scheinen sich gegenseitig anzuziehen, bewegen sich aufeinander zu, bis sie plötzlich ins Nichts verschwinden. Auch die Endermite hat die Fähigkeit, urplötzlich zu verschwinden. Die Kräfte, die ihr Erscheinen ermöglichen, lassen sie nämlich nach exakt zwei Minuten wieder verschwinden, egal, ob sie sich gerade im Blickfeld eines Abenteurers befinden oder nicht.

Was also ist eine Endermite? Vielleicht ein transdimensionaler Parasit, der sich an alles klammert, was zwischen den Welten hin und her reist, bevor ihn die Leere zurückholt. Dies könnte erklären, warum Endermen, die zwischen Ende und Oberwelt hin- und herspringen, sie so hassen. Allerdings frage ich mich, ob die Anfälligkeit der Endermite für die »Nemesis der Gliederfüßer«-Verzauberung nicht darauf hindeutet, dass sie mit den Spinnen und Silberfischchen der Oberwelt verwandt ist Vielleicht ist die Endermite auch ein Beweis dafür, dass Wesen bereits seit Jahrtausenden in die Oberwelt reisen?

MAGIER

Tief in dunklen Wäldern kann man auf ein Gemäuer stoßen, das selbst Mutige in Angst und Schrecken versetzt. In diesen Anwesen hausen 2 unheimliche Wesen: Ausgestoßene aus den sympathischen Dörfern, verdorben durch die böse Magie, die sie praktizieren. Bekannt sind sie als »Illager«. Einer von ihnen ist der Magier, der sich schändlicher Magie und Tricksereien bedient.

EIN DUNKLER ZAUBERER

Leider unterscheidet sich der Magier kaum vom gewöhnlichen Dorfbewohner. Er trägt schwarze Roben mit goldenem Saum. Erst seine graue Haut verrät seine Identität. Auf Sicht greift er jeden Entdecker, Dorfbewohner oder Eisengolem an. Obwohl er keinen Groll gegenüber seinen eigenen Genossen hegt, scheint er selbst diese zu meiden: Man findet ihn stets alleine und nur in bestimmten Räumen des Anwesens.

In einer Welt ist nur Platz für eine gewisse Anzahl von Magiern. Das Böse ist also unter Kontrolle, es können nämlich keine weiteren erscheinen. Das bedeutet aber auch, dass ein Magier so lange an seinem Ort verweilen wird, bis ein Abenteurer es schafft, ihn zu bezwingen.

IN DEN FÄNGEN DES TODES

Die Attacken des Magiers sind wahrlich seltsam, zum Beispiel die Beschwörung von gespenstischen Fangzähnen, die in einer Welle aus dem Boden schießen und nach den Beinen von Abenteurern und anderen Kreaturen schnappen, bevor sie wieder im Boden versinken. Ihr Zähne sind so spitz, dass sie sich durch jede Rüstung und sogar durch jegliche Verzauberung schneiden.

Der Magier setzt seine Fangzähne verschieden ein. Ist er 3 oder mehr Blöcke von seinem Angriffsziel entfernt, lässt er 16 Fangzähne in einer horizontalen Linie aus dem Boden schießen. Ist seine Beute näher dran, erscheinen 13 Fangzähne und fügen jedem Schaden zu, der sich innerhalb dieses Rings befindet. Es empfiehlt sich, entweder auf Distanz zu kämpfen oder mit schnellen Vorstößen aus kurzer Distanz, gefolgt von einem raschen Rückzug.

Man kann bei Angriffen auf einen Magier auch einen Block als Deckung nutzen, da seine Fangzähne keine Wände durchdringen oder überqueren können. Dahinter ist man sicher. Der Magier wird den Einsatz seiner Fangzähne mit einem Läuten und lila Rauch ankündigen, der von seinen ausgestreckten Armen ausgeht.

LÄSTIGE BESCHWÖRUNGEN

Der zweite Angriff des Magiers besteht darin, bösartige Plagegeister zu beschwören. Weitere Details dazu finden sich an späterer Stelle. Ihre Beschwörung wird durch das hohe Geräusch eines Horns und weißen Rauch signalisiert. Die Plagegeister erscheinen in Gruppen, 2 bis 4 bei jeder Beschwö-rung, und lenken einen im Kampf gegen einen Magier ab – man wird anfälliger für dessen Zahnangriffe. Versäumt man es, die Plagegeister zu beseitigen, bevor der Magier noch mehr von ihnen beschwört, läuft man Gefahr, überwältigt zu werden.

Einen Magier zu bekämpfen ist gefährlich. Sollte man ihn jedoch besiegen, wird man reich belohnt. Die Erforschung des Waldanwesens ist danach deutlich sicherer. Der Magier kann einen Smaragd und wird stets ein Totem der Unsterblichkeit hinterlassen. Dieser Gegenstand verfügt über mystische Kraft, die einen Abenteurer vor einer tödlichen Attacke beschützen kann. Das Totem wird dabei zerstört, aber sein Träger wird mit einem halben Herz Gesundheit vor dem Tod bewahrt und mit Regeneration und Absorption verzaubert.

Magier hassen blaue Schafe und setzen ihre Magie ein, um sie rot zu färben. Warum, ist uns schleierhaft.

Abb. XXV.

Skizze des ersten Magiers, dem ich begegnet bin, wie er gerade seine Plagegeister herbeibeschwört.

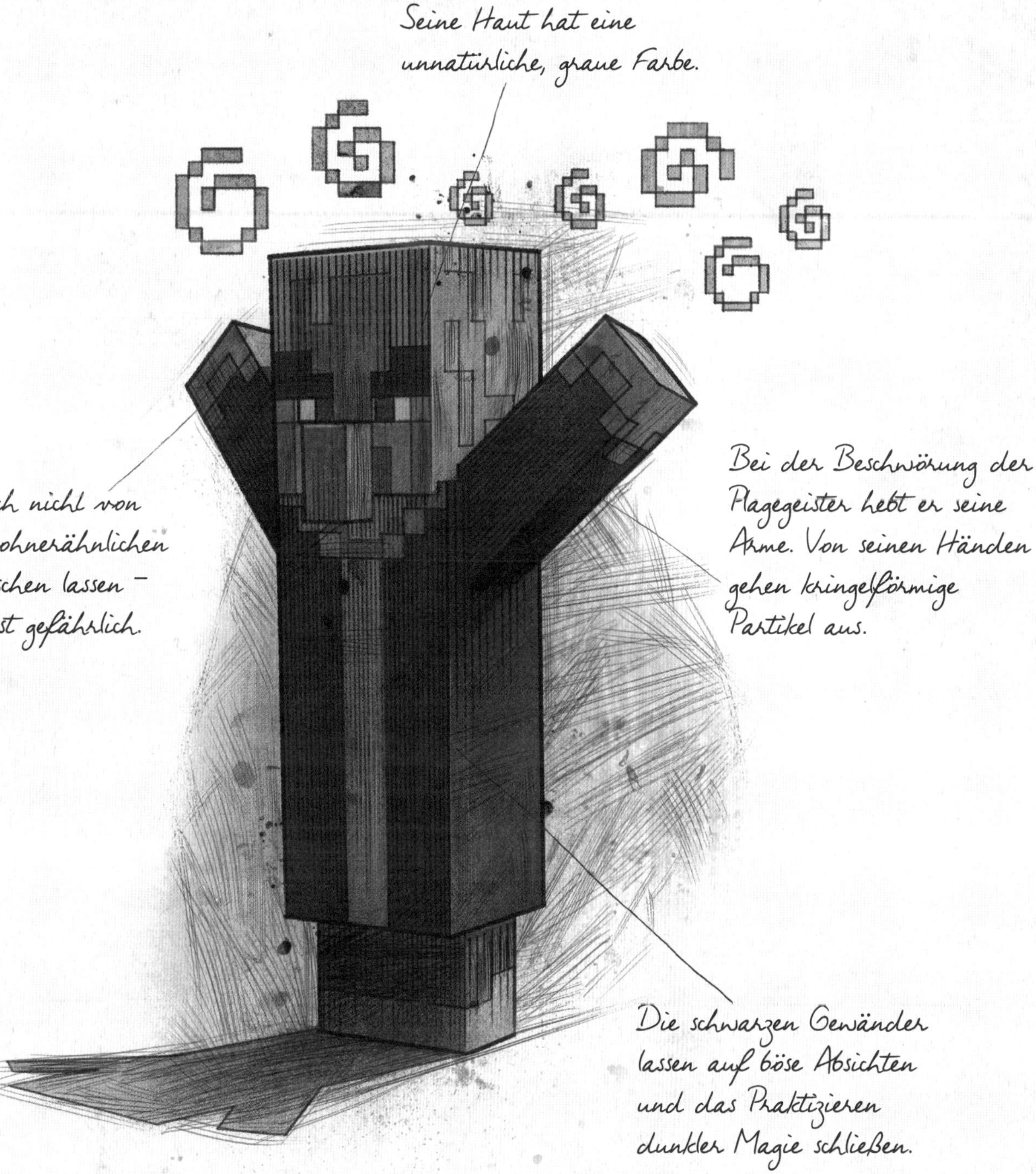

Abb. XXVI.

Skizze eines im Kampf befindlichen Ghasts, wie er gerade einen Feuerball verschießt.

GHAST

Der Ghast misst je 4 Blöcke tief, hoch und breit. Wer diesem riesigen Geschöpf des Nethers mit seinen baumelnden Tentakeln einmal begegnet ist, wird es nie vergessen. Im Gesichtsausdruck des Ghasts spiegelt sich Trauer wider, sein Schreien klingt kummervoll. Doch sobald er eine Salve brennender Feuerbälle auf einen abschießt, wird klar, dass all dies Teil einer List ist.

SCHUTZ SUCHEN VOR GHASTFEUERKUGELN

Viele Abenteurer haben ihre Begegnungen mit diesen grässlichen Bestien niedergeschrieben, und ihre Berichte zeigen, dass Ghasts überall im Nether erscheinen können, wo ausreichend Platz für sie ist. Einige Abenteurer berichten sogar, dass sie innerhalb ihres eigenen Unterschlupfs Zeuge davon wurden. Daher sollte man jedes Lager im Nether so klein wie möglich halten. Der Ghast ist auch auf Distanz äußerst gefährlich. Dank seiner exzellenten Wahrnehmung erspäht er seine Beute in Entfernungen von bis zu 100 Blöcken.

Der Ghast verfügt nur über einen Angriff, doch dieser hat es in sich. Seine explosiven Feuerbälle können Netherrack zerstören und extrem schwere Verletzungen verursachen – durch den Aufprall und die anschließende Explosion.

Zum Glück ist Bruchstein stabil genug, diesen Explosionen standzuhalten. Es gibt Entdecker, die ganze Tunnelsysteme gebaut haben, um der Aufmerksamkeit der Ghasts zu entgehen. Das bedeutet natürlich, dass man Bruchstein in den Nether bringen muss. Alternativ kann man immer noch Netherrack in einem Ofen zu dem haltbareren Netherziegel verarbeiten. Es eignen sich jedoch auch andere Materialien wie Stein, Granit und Eisenblöcke.

DEN GHAST BEZWINGEN

Glücklicherweise hat der Ghast auch einen Schwachpunkt. Sein Körper ist beinahe vollständig mit Gas gefüllt und kann leicht durchbohrt werden. Manchmal sind sie schwer zu treffen, da sie außer Reichweite schweben. Im Umgang mit Pfeil und Bogen geübte Abenteurer können sie jedoch mit einem Schuss ausschalten. Besonders fähige Kämpfer lassen sich von einem herankommenden Feuerball nicht einschüchtern: Sie bleiben stehen und versetzen dem Geschoss einen Schlag, kurz bevor es trifft, um die flammende Kugel zum Absender zurückzuschicken.

Nähert sich ein Ghast dem eigenen Netherportal, muss man von ihm ablassen. Ein einziger Feuerball kann das violette Kraftfeld des Portals vernichten, wodurch man ruckzuck im Nether festsitzt. Sollte so etwas dennoch geschehen und man steht ohne Feuerzeug da, keine Panik! Wenn ein weiterer Feuerball den Bereich innerhalb des Obsidianrahmens trifft, wird das Portal neu entfacht.

DAS HÄLT EIN GHAST BEREIT

Ghasts hinterlassen bis zu 2 Einheiten Schwarzpulver und mit Glück sogar eine Ghastträne. Diese kann mit seltsamen Tränken kombiniert werden, um Tränke der Regeneration zu brauen. Eine weitere, neu entdeckte Verwendung für Ghasttränen: Zusammen mit Glas und einem Enderauge kann man daraus einen Enderkristall herstellen. Er vermag den Enderdrachen wiederzubeleben.

Diese Gegenstände in seinen Besitz zu bringen ist jedoch eine Herausforderung. Ghasts werden häufig über Lava getötet, in die die begehrten Gegenstände hineinfallen. Ghasts in Nahkämpfe zu verwickeln ist nicht leicht, aber mit Geduld bringt man sie womöglich doch dazu, indem man abwechselnd in Deckung geht und sich wieder zeigt. Oder man probiert Folgendes: Manche Kämpfer holen Ghasts mit einer Angel zu sich ein!

WÄCHTER

Der gewöhnliche Wächter patrouilliert in Ozeanmonumenten. Sein Körper ist aufgebläht, mit Stacheln gespickt und hat ein einzelnes, starrendes Auge. Der Wächter ist aber nur halb so groß wie sein mächtiges Gegenstück und hat türkise Haut. Wissenschaftler fragen sich, ob Wächter einfach eine jüngere Form der großen Wächter sind. Doch es scheint eine eigene Spezies zu sein.

WAS TUN GEGEN DEN STRAHL?

Der Wächter hält sehr viel aus, und mit seinen Angriffen ist nicht zu spaßen. Ich möchte hier nun die Stärken des Wächters näher betrachten und Anregungen geben, wie man Begegnungen mit ihnen in Ozeanmonumenten überlebt.

Die erste Attacke eines Wächters ist meist Beschuss durch seinen magischen Strahl. Sobald der Wächter einen Abenteurer erspäht, egal ob unter oder über Wasser, wird er aus seinem Auge einen violetten Lichtstrahl auf ihn richten. Der Strahl ist heiß und erhitzt das Wasser, jedoch nicht so sehr, dass es den Abenteurer verletzt. Während der Strahl sich auflädt, wechselt die Farbe des Lichts zu Gelb, nach 3 Sekunden ist er einsatzbereit. Trifft der Strahl sein Ziel, richtet er etwa doppelt so viel Schaden an wie eine Zombieattacke.

Ein solcher Treffer durchdringt selbst Rüstung, man ist davor also kaum sicher. Das Auge des Wächters entdeckt Abenteurer auch auf große Entfernung. Die Abhängigkeit der Wächter von ihrer Sehkraft ist allerdings auch ihre Schwäche. Wenn man sich hinter Objekten versteckt, wird der Wächter den Beschuss unterbrechen. Im Gegensatz zu vielen anderen Monstern scheint er sein Angriffsziel zu vergessen, wenn er es aus den Augen verliert, und beginnt wieder zu patrouillieren. Wenn man sich Wächtern nähert, ist es also ratsam, in Meeresbodennähe zu bleiben, Deckung zu nutzen oder Blöcke bereitzuhalten, um einen Schutzwall zu bauen.

STACHELATTACKE

Unerfahrene Abenteurer glauben, sobald sie den Abstand zu einem Wächter verringert und sich in seiner Nähe positioniert haben, sei der Kampf gewonnen. Falsch. Der Wächter ist mit Stacheln bedeckt, die er ein- und ausfahren kann und die einem Angreifer großen Schaden zufügen. Sollte man einen Wächter in die Enge treiben, ist das doppelt gefährlich. Zwar setzt er seinen Strahl auf kurze Distanz nicht ein, wird aber versuchen, gleichzeitig zu schießen und seine Stacheln zu benutzen.

Dennoch kann man einen Wächter kaum aus der Entfernung angreifen, da man unter Wasser nicht effektiv mit Pfeilen hantieren kann. Es wird empfohlen, die stärkste Rüstung einzusetzen – vorzugsweise verzaubert –, denn selbst die besten Kämpfer werden Schaden nicht vermeiden können.

ANMERKUNGEN

Ein Wächter stirbt nicht, wenn man ihn aus dem Wasser nimmt. Er kann seine Bewegungen auf Land nicht kontrollieren, ist aber immer noch gefährlich, da er herumzappelt und seine Stacheln aus- und einfährt. Da bleibt man besser auf Distanz und nutzt Pfeil und Bogen, um den Wächter auszuschalten.

Sollte es einem gelingen, eine dieser Bestien zu töten, wird sie ungefähr dieselben Gegenstände hinterlassen wie ein großer Wächter (siehe entsprechender Eintrag). Forscher sind an den Kadaver eines Exemplars gelangt. Das Auge des Wächters war schwer beschädigt, sodass wir keine neuen Erkenntnisse gewinnen konnten, wie er seinen Strahl erzeugt. Aber wir haben festgestellt, dass Wächter hohl sind und keine inneren Organe besitzen. Die Innenwände ihrer Körper sind rot, ihre Stacheln bohren sich direkt hindurch. Ein bizarres Tier. Aber angesichts seiner bizarren Umgebung wohl passend.

Abb. XXVII.

Ein Wächter auf Patrouille, gesichtet in einer Tiefsee direkt über einem Ozeanmonument.

Abb. XXVIII.

Ein großer Magmawürfel im passiven Status und sein Gefährte, dessen Körper in die Länge gezogen ist und den Blick auf seinen geschmolzenen Kern freigibt.

MAGMAWÜRFEL

Es scheint, dass viele Nethermonster teilweise selbst aus Flammen bestehen. Ein Beispiel für diese Theorie ist der Magmawürfel. Er ist mit Sicherheit verwandt mit dem Schleim aus der Oberwelt und zeigt ähnliche Verhaltensweisen, auch wenn der Magmawürfel aus geschmolzenem Stein besteht und gefährlicher ist. Entdecker sollten Vorsicht walten lassen, wenn sie sich ihm stellen.

NATÜRLICHER LEBENSRAUM

Magmawürfel leben über den gesamten Nether verteilt. Allerdings sind sie in Netherfestungen gehäuft anzutreffen. Den Magmawürfel gibt es – wie den Schleim – in 3 Größen. Der kleinste ist am schwächsten und nur ein Viertel so groß wie ein Abenteurer, während der größte etwa genauso hoch ragt.

Der Magmawürfel springt ähnlich wie der Schleim, allerdings kann er dabei eine Höhe von 4 Blöcken erreichen. Dabei teilt er seine steinige Kruste in Schichten und zieht seinen Körper in die Länge. In diesem Zustand ist der geschmolzene Kern des Magmawürfels deutlich zu sehen. Wenn er landet, wird die steinige Kruste durch sein Gewicht wieder zusammengedrückt, wobei Glut durch die Risse austritt und Funken aufflackern, wenn sie am Boden auftrifft. Das Springen scheint für den Magmawürfel anstrengend zu sein. Das ist wohl der Grund, warum er weniger aktiv ist als ein Schleim.

Ein weiterer Beweis für die hervorragende Anpassung eines Magmawürfels an seine Netherheimat: Er kann Lava widerstehen. Ungerührt bewegt er sich durch die heißen Massen. Auch Stürze von einer der hochragenden Felsformationen können ihm dank seiner steinigen Außenschicht nichts anhaben.

DER KAMPF GEGEN MAGMAWÜRFEL

Wenn ein Magmawürfel einen Entdecker erspäht, hüpft er auf sein Opfer zu und wird versuchen, auf diesem zu landen. Jeder Kontakt mit seiner heißen Kruste ist äußerst schmerzhaft und verursacht doppelt so viel Schaden wie die meisten anderen Monster. Man muss also versuchen, auf Abstand zu bleiben. Allerdings sind seine Sprünge so unberechenbar, dass es selbst für erfahrene Kämpfer schwierig ist, Verletzungen zu vermeiden.

Soweit wir wissen, haben Schleime und Magmawürfel dieselbe Gesundheit, allerdings fungiert die dicke Kruste der Magmawürfel wie eine natürliche Rüstung, die die Wucht der Hiebe eines Kämpfers abschwächt. Die größten Magmawürfel haben sowohl die meiste Gesundheit als auch die dickste gepanzerte Kruste, was sie für jeden zu einem ernst zu nehmenden Gegner macht. Am besten bekämpft man ihn aus sicherer Distanz mit dem Bogen.

Es wird oft davon abgeraten, große oder mittlere Magmawürfel zu bekämpfen, da sie sich in 1 bis 4 kleinere Exemplare teilen, wenn man sie tötet. Ein Abenteurer, der versucht, einen einzigen großen Magmawürfel zu bekämpfen, könnte am Ende gegen 21 kleinere Würfel kämpfen müssen.

WAS HINTERLÄSST EIN MAGMAWÜRFEL?

Ein Magmawürfel hinterlässt keine großartigen, aber dafür interessante Gegenstände. Die mittleren und großen Exemplare lassen gelegentlich Magmacreme fallen; eine Substanz, aus der sich zusammen mit einem seltsamen Trank ein Trank der Feuerresistenz herstellen lässt – äußerst nützlich bei der Erforschung des Nethers.

Magmacreme kann auch hergestellt werden, indem man einen Schleimball mit Lohenstaub kombiniert. Gelehrte in der Oberwelt sehen darin einen Beweis für die Verbindung zwischen Magmawürfel, Schleim und auch der Lohe. Vielleicht haben sie ihre feurigen Eigenschaften ja von diesen schwebenden Schrecken geerbt?

SHULKER

Wir wissen nicht, wer die Endsiedlungen gebaut hat. Die Gebäude darin sind verlassen – bis auf die Shulker. Diese Monster harren aus, bis Eindringlinge den Weg zu ihnen finden, um sie dann mit magischen Projektilen zu beschießen. Wurden die Shulker zurück-gelassen, um die Siedlungen zu verteidigen? Werden die Erbauer der Siedlungen eines Tages zurückkehren?

DIE BIOLOGIE DER SHULKER

Diese gemeinen Geschöpfe klammern sich mit ihren getarnten Schalen fest an Wände und Böden. Ihr Äußeres ist farblich auf die Purpurblöcke abgestimmt, aus denen die Endsiedlungen gebaut sind. Entweder eine natürliche Anpassung und Tarnung des Shulkers – oder er wurde von den Architekten der Siedlungen so konstruiert.

Der Shulker ähnelt gewöhnlichen Schalentieren wie Schnecken, denn er kann sich fest an horizontale und vertikale Flächen ansaugen. In gewissen Abständen öffnet er seine harte Schale, um herauszulugen und nachzusehen, ob sich irgendetwas in sein Territorium verlaufen hat. Forscher in Endsiedlungen haben diese harte Schale aufgeknackt, nur um darin einen weichen Körper vorzufinden. Er hat 2 Augen, mit denen er Bedrohungen erkennen kann, und ist fähig, Projektile zu erzeugen.

MAGISCHE PROJEKTILE

Der Shulker feuert mit einer schnellen Windung der oberen Schale seine Geschosse ab. Die verzauberten Projektile sind gefährlich. Sie richten sich eigenständig auf ihre Ziele aus und folgen ihnen, bis sie Kontakt herstellen. Ein Treffer fügt beträchtliche Verletzungen zu und sorgt außerdem für den Schwebekraft-Effekt: Für 10 Sekunden geht es ab in die Luft.

Wenn man einen Eimer Milch hat, trinkt man ihn am besten sofort aus, um den Effekt aufzuheben. Dies muss deshalb so schnell wie möglich geschehen, weil man sonst ungebremst nach unten fällt, wenn die Schwebewirkung abklingt. So können die Projektile des Shulkers zweimal Schaden zufügen: Zuerst beim Einschlag und dann durch den Fall. Hinzu kommt, dass man während der Schwebephase wahrscheinlich weiterhin in Reichweite des Shulkers ist, der zusätzliche Projektile abfeuern wird. Viele Abenteurer sind im Kampf gegen den Shulker gefallen, weil sie seinen Angriffen nicht entgehen konnten.

DEN SHULKER BESIEGEN

2 Methoden haben sich bewährt, um ein Shulkergeschoss abzuwehren. Nummer eins: Das Projektil mit einem Schwerthieb im richtigen Moment treffen. Nummer 2: So vor dem Projektil weglaufen, dass es mit dem Boden oder der Wand eines nahen Gebäudes kollidiert und auf diese Weise einfach verpufft.

Den Shulker selbst anzugreifen ist schwierig. Wenn seine Schale geschlossen ist, fügen Treffer ihm nur geringen Schaden zu, Pfeile werden abgelenkt. Man muss also darauf warten, dass die Schale sich öffnet und seinen verletzlichen Körper freilegt. Doch selbst dann bedarf es 5 Treffer mit einem Diamantschwert, bevor er sein Leben aushaucht. Manche Kämpfer setzen Tränke des Schadens ein, da diese seine Schale durchdringen können.

Sobald ein Shulker angegriffen wird, signalisiert er allen in der Nähe befindlichen Shulkern, ebenfalls auf den Angreifer zu schießen. Ist der Shulker erst beschädigt, wendet er womöglich auch noch seinen letzten Trick an und teleportiert sich blitzschnell an einen neuen Ort. Der Shulker sieht auf den ersten Blick passiv aus, aber er kann sich als teuflischer Gegner herausstellen. Immerhin hinterlässt er manchmal eine Shulkerschale, wenn er getötet wird.

Abb. XXIX.

Ein Shulker mit offener Schale, wie er gerade ein Projektil verschießt.

Abb. XXX.

***S**kizze eines **S**ilberfischchens aus nächster **N**ähe. **M**an beachte die **D**etails auf seinem **L**eib.*

SILBERFISCHCHEN

Diese herumwuselnden Quälgeister schwärmen und huschen einem über die Füße und beißen dabei wild um sich. Trotz ihres Namens handelt es sich nicht um Fische, sondern um flügellose Insekten mit 2 Glupschaugen, einem Schwanz mit schwarzer Spitze und einem pelzigen Körper. In Gruppen stellen sie eine Bedrohung für Abenteurer dar und können Gebäude schwer beschädigen.

STEINBEWOHNER

Trotz seiner widerlichen Natur sind Wissenschaftler vom Silberfischchen fasziniert. Tatsache ist, dass es keine anderen Monster wie das Silberfischchen gibt.

Das Silberfischchen ist eines der kleinsten Monster überhaupt; kleiner ist nur die winzige Endermite. Einzigartig ist vor allem sein Lebensraum. Für gewöhnlich findet man Silberfischchen nicht einfach in der Oberwelt, sondern in höchst seltsamen Steinblöcken, den sogenannten Silberfischchen-Steinen. Diese Blöcke sehen aus wie gewöhnlicher Stein, entweder in natürlicher oder bearbeiteter Form wie gemeißelte, bemooste oder rissige Steinziegel. Wird ein solcher Stein von einem Forscher abgebaut, platzt das Ungeziefer heraus und verbeißt sich in die Knöchel seines Befreiers.

Silberfischchen-Steine sind selten. Forschern zufolge findet man sie in Festungen und Iglus mit einem Keller sowie vereinzelt in der Wildnis extremer Berge. Das bedeutet, dass Silberfischchen ebenfalls selten sind, obwohl beobachtet wurde, wie sie aus Monsterspawnern in Festungen getreten sind.

DIE ANGEWOHNHEITEN DES SILBERFISCHCHENS

Wenn das Silberfischchen gerade keinen Abenteurer findet, den es angreifen kann, sucht es sich einen Steinblock, gräbt sich hinein und macht daraus einen Silberfischchen-Stein. Da sich in Festungen auch Silberfischchen-Spawner befinden können, ist es denkbar, dass jeder Stein in einem solchen Bauwerk befallen ist. Abenteurer, die sich in eine Festung trauen, sollten vorsichtig sein.

Wird ein Silberfischchen verletzt, springen alle Silberfischchen in der Nähe aus ihren Steinen und stürzen sich auf den Angreifer – eine Katastrophe. Ein einzelnes Silberfischchen kann nur Bissverletzungen zufügen, ein Angriff einer ganzen Horde endet schnell tödlich.

DER KAMPF GEGEN DEN SCHÄDLING

Es empfiehlt sich, die Steine einer Festung nicht zu beschädigen, damit die Silberfischchen gar nicht erst hervorkommen können. Immer ist das nicht möglich, zumal sich auch ein Silberfischchen-Spawner in der Nähe befinden könnte. Stößt man auf einen solchen Spawner, sollte man den Raum schnell erhellen. Platziert man genug Fackeln in der Nähe des Spawners, treten keine Silberfischchen mehr daraus hervor.

Als Nächstes sollte man darauf achten, auf ein Silberfischchen nur dann einzuschlagen, wenn man sich sicher ist, es mit einem einzigen Treffer zu töten. Sonst hat man es nämlich schnell mit einem ganzen Schwarm zu tun – tödlich. Es ist überraschend schwierig, ein Silberfischchen mit nur einem Schlag zu töten. Die Biester sind sehr widerstandsfähig und überstehen selbst Treffer mit der Klinge eines Diamantschwerts. Daher empfiehlt sich ein Trank der Stärke, denn damit reicht ein Eisenschwert oder Besseres, um ein Silberfischchen mit einem Schlag zu besiegen.

Ein Silberfischchen ist so klein, dass es erstickt, wenn es über Seelensand kriecht, denn jedes Monster sinkt darin ein wenig ein. Aber das geschieht diesen Schädlingen nur recht!

SKELETT

Schon viele Abenteurer sind dem Skelett zum Opfer gefallen. Doch wer waren diese Untoten zu Lebzeiten? Manche glauben, dass es sich bei Skeletten um Abenteurer aus der Vergangenheit handelt, die nach ihrem Tod von einem bösen Zauberer wiedererweckt wurden. Andere behaupten, es seien Abenteurer, die zu Untoten wurden, als sie die Grabstätten von Dorfbewohnern entweiht haben.

VERFOLGT VON SKELETTEN

Jeder Abenteurer ist schon mal einem Skelett begegnet, sei es nachts in der Oberwelt, in den feurigen Hallen des Nethers oder bei Erkundungen in Höhlen. Skelette fürchten das Sonnenlicht und fangen darin Feuer. Im Gegensatz zu Zombies versuchen sie, Schatten oder Wasser aufzusuchen, um sich zu retten. Vielleicht ein Zeichen von Intelligenz.

Skelette fürchten Wölfe, die sie wegen ihrer Knochen jagen. Die Skelette laufen zwar davon, doch die Wölfe sind meist schneller. Abenteurer können sich das zunutze machen, indem sie sich einen Hund halten. Woher der Hass auf Abenteurer kommt, ist nicht erforscht, zumal Skelette Dorfbewohner nicht angreifen, Eisengolems hingegen schon.

Nicht alle Skelette sind gleich. Solche, die man in Tundren und eisigen Bergen antrifft, heißen Eiswanderer. Die Kälte hat ihre zerfetzte Kleidung konserviert. Sie verhalten sich ähnlich wie normale Skelette, nur verschießen sie getränkte Pfeile, die Langsamkeit verursachen. Es gibt auch Aufzeichnungen über Skelette, die Schwerter tragen und sich schneller fortbewegen als ihre Pendants mit Pfeil und Bogen. Noch seltener sind Exemplare, die Rüstungen und Waffen aufnehmen und benutzen. Skelette mit Helm fangen im Sonnenlicht kein Feuer.

KAMPFTAKTIKEN

Skelette können ebenso viel Schaden einstecken wie ein Zombie und mit nur wenigen Schwerthieben bezwungen werden. Doch ihre Bögen sind gefährlich.

Skelette werden auf Feinde in einer Entfernung von 16 Blöcken aufmerksam und suchen daraufhin eine günstige Position, von der sie auf eine Distanz von etwa 8 Blöcken ihr Ziel beschießen. Ihre Treffgenauigkeit hängt dabei von der Welt ab, die man gerade erforscht; Skelette in schwierigen Welten sind hervorragende Schützen. Jeder Pfeil richtet unterschiedlich viel Schaden an, im Maximalfall aber kaum mehr als ein Zombiebiss. Wenn ein Abenteurer ohne Bogen in den Kampf zieht, kann er von mehreren Pfeilen getroffen werden, bevor er überhaupt in Reichweite kommt, sein Schwert zu nutzen. Ein Schild erweist sich daher als äußerst nützlich. Ein erhobener Schild schützt vor allen Geschossen, die frontal auf einen abgefeuert werden.

Eine weitere beliebte Taktik: Sich so positionieren, dass Skelette genötigt werden, auf andere Kreaturen der Dunkelheit zu schießen. Trifft ein Skelett ein anderes, werden sie sich gegenseitig bekämpfen. So hat man Gelegenheit zu fliehen oder dies als Vorteil zu nutzen.

WAS SKELETTE HINTERLASSEN

Sie hinterlassen bis zu 2 Pfeile und bis zu 2 Knochen. Knochen sind nützlich, da man mit ihnen Wölfe zähmen und Knochenmehl herstellen kann. Dies beschleunigt das Pflanzenwachstum.

Sollte ein Skelett den tödlichen Schuss gegen einen Creeper landen, lässt der Creeper eine Schallplatte fallen. Tötet ein geladener Creeper mit seiner Explosion ein Skelett, hinterlässt es einen Skelettschädel. Diese Trophäe kann man auf dem Kopf tragen und sich so näher an Skelette heranwagen, ohne zu früh von ihnen bemerkt zu werden.

Abb. XXXI.

*Feldskizze eines **S**keletts, wie es einen **B**ogen führt. Daneben der ungewöhnliche Anblick eines **S**keletts, das mit einer **R**üstung und einem **S**chwert ausgestattet ist.*

Abb. XXXII.

Ein respekteinflößender Skelettreiter, auf den ich zufällig während eines besonders heftigen Gewitters gestoßen bin.

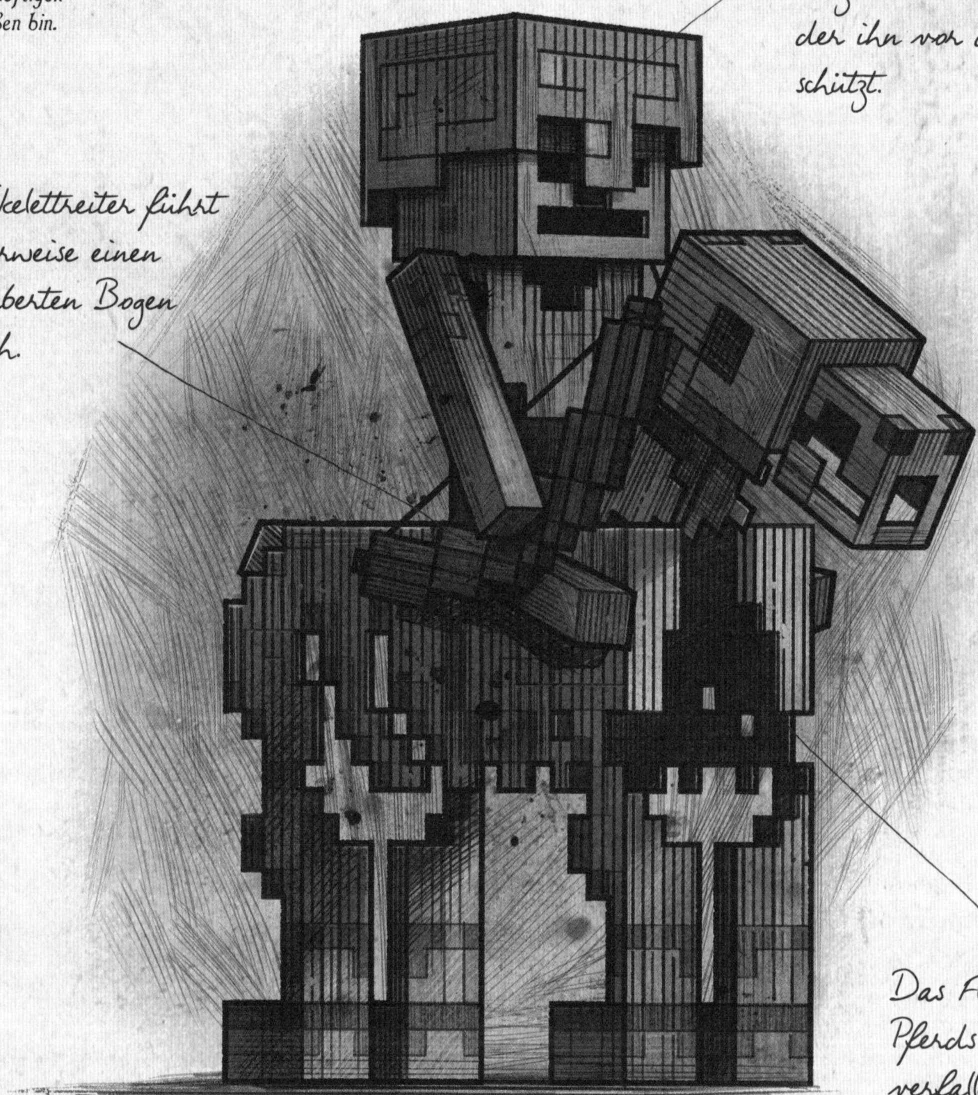

SKELETTREITER

Seit Urzeiten erzählt man sich Geschichten von Skeletten auf Pferden – Vorzeichen für das Ende der Welt. Als Abenteurer einst so etwas sahen, brach Panik aus. Gelehrte machten sich auf, der Sache auf den Grund zu gehen. Glücklicherweise können wir beruhigt sein. Skelettreiter sind kein Zeichen der bevorstehenden Apokalypse – aber dennoch angsteinflößend.

MANIFESTATION

Der Skelettreiter ist das Resultat eines seltenen Ereignisses nach einem Blitzschlag. Die Wahrscheinlichkeit für sein Entstehen steigt mit der Gefährlichkeit der Welt. In der Regel ruft nur einer von etwa 30 Blitzeinschlägen diese Monster hervor. Zuerst materialisiert sich ein Skelettpferd, das aber nur passiv dasteht – bis ihm ein Abenteurer zu nahe kommt, woraufhin ein zweiter Blitz einschlägt und das Pferd sich in 4 Skelettpferde mit Skelettreitern verwandelt, die verzauberte Helme und Bögen haben.

Für viele Abenteurer wäre das ein guter Zeitpunkt, den Rückzug anzutreten. Die Helme der Reiter verhindern, dass sie in der Sonne Feuer fangen, bei Tag ist man also nicht sicher vor ihnen. Kommt man dem Skelettpferd jedoch nicht näher, verschwindet es nach 15 Minuten.

SKELETTE AUF PFERDEN

Ähnlich wie der Spinnenreiter bewegt sich auch dieses Paar rasch vorwärts. Im Gegensatz zum Spinnenreiter behält das Skelett aber die Kontrolle über sein Reittier und verhält sich daher so, als wäre es zu Fuß unterwegs – bloß schneller.

Skelettreiter verschießen einen Pfeil und verändern ihre Position, um Gegenangriffen aus dem Weg zu gehen, bevor sie erneut schießen. Sie versuchen stets, die optimale Distanz für ihre Attacken zu finden, bewegen sich vor oder zurück.

Der Skelettreiter entfernt sich im Galopp mühelos aus der Reichweite eines Kämpfers, der versucht, ihn mit einer Nahkampfwaffe anzugreifen. Außerdem hat er noch 3 Kameraden, die oft von der Flanke aus angreifen – eine Taktik, die ein Schild, der nur vor Frontalangriffen schützt, sinnlos macht.

Ein Bogen ist in diesem Kampf definitiv die bessere Waffe. Viele Kämpfer schwören darauf, einen verzauberten Bogen zu benutzen, etwa mit Stärke versehen, was den Schaden erhöht. Besonders erfahrene Kämpfer positionieren sich so, dass die Reiter sich gegenseitig mit ihren Pfeilen treffen, was zur Folge hat, dass sie sich fortan gegenseitig bekämpfen. Jeder Trick im Kampf gegen diese Gegner hilft. Nutzt auch das Gelände zu eurem Vorteil. Mit einer Wand im Rücken verhindert ihr, dass ihr den Feind plötzlich hinter euch habt

SKELETTPFERDE ZÄHMEN

Wie bei anderen Monstern auf Reittieren sind auch Skelett und Skelettpferd separate Kreaturen. Wird eine davon getötet, lebt die andere weiter. Einst glaubte man, das Pferd trage ebenso viel Hass für die Lebenden in sich wie sein Reiter. Viele berichten jedoch, dass das Skelettpferd nach dem Tod des Reiters einfach stehen blieb.

Das Skelettpferd ist in Wirklichkeit zahm und hat anscheinend nichts dagegen, wenn Abenteurer – zumindest solche, denen es nichts ausmacht, dass ihr Reittier ziemlich makaber aussieht – auf ihm reiten. Und bei vielen Pferdeliebhabern gilt es offenbar als Zeichen besonderer Cowboy-Fähigkeiten, auch ein Skelettpferd im Stall zu haben. Um es kontrollieren zu können, ist ein Sattel erforderlich. Ein Ritt auf einem ungesattelten Skelettpferd dürfte auch äußerst unbequem sein! Andere Pferde scheinen nichts gegen die Anwesenheit eines untoten Mitglieds in ihrer Mitte zu haben, sodass man es wohl einfach in seine Herde integrieren kann.

SCHLEIM

Sich von dem vermeintlich harmlosen Anblick des Schleims täuschen zu lassen, kann den Untergang eines Forschers bedeuten, der auf Erkundungsgang in Höhlen oder Sümpfen ist. Offenbar sind Schleime mit keinem der anderen Oberweltbewohner verwandt, jedoch mit den im Nether beheimateten Magmawürfel. Schleime folgen ihren eigenen Regeln und sind nicht einfach zu erklären.

NATÜRLICHER LEBENSRAUM

Schleime leben unterirdisch und in Sümpfen und kommen in 3 Größen vor. Die meisten Forscher glauben, dass die Größe eines Schleims sein Alter widerspiegelt. Vielleicht hängt ihre Größe auch mit der Schwierigkeit der Welt zusammen, die man erforscht. Große Schleime in größeren Mengen findet man in Welten, in denen man außerordentliche Gefahren überwinden muss, während sie in einfachen Welten gleichmäßiger verteilt sind.

In Sümpfen erscheinen sie ausschließlich nachts. (Man möchte meinen, dass die Sonne ihre feuchte Außenschicht austrocknet, doch dem ist nicht so.) Es gibt jedoch Nächte, in denen die Wahrscheinlichkeit für das Auftauchen von Schleimen höher liegt, etwa bei Vollmond. Bei Neumond (also wenn der Mond nicht erleuchtet ist) sind sie seltsamerweise nirgendwo anzutreffen. Gelehrte nehmen an, dass die Schleime auf das Licht des Monds angewiesen sind.

Schleime erscheinen im Untergrund und scheren sich dabei nicht um das vorherrschende Lichtlevel. Ihr begegnet ihnen selbst in Kammern, die andere Entdecker bereits mit Fackeln ausgestattet haben. Schleime scheinen bestimmte Bereiche zu bevorzugen; noch hat man nicht enträtselt, welche. Abenteurern, die sichere Passagen anlegen möchten, kann man nur raten, genau zu beobachten, wo Schleime erscheinen, und diese Bereiche dann gründlich abzuschirmen.

SCHLEIME IM KAMPF

Wenn ein Schleim einen Abenteurer bemerkt, prescht er so eifrig auf ihn zu, dass er Bedrohungen wie Kakteen völlig ignoriert. Kleine und mittlere Schleime lassen sich mit einem Hieb eines Eisenschwerts töten, während große 3 solcher Hiebe erfordern.

Schleime ziehen ihre Stärke aus ihrer Anzahl und ihrer Geschwindigkeit. Unsere Forschung zeigt, dass Schleime (ausgenommen die kleinsten) sich bei ihrem Ableben in 2 bis 4 neue, kleinere Schleime teilen. Ein großer Schleim teilt sich also in mehrere mittlere Schleime, und ein mittlerer Schleim in mehrere kleine. So kann ein unvorsichtiger Abenteurer von einer ganzen Horde von Schleimen überwältigt werden. Ein einziger Angriff eines mittleren Schleims richtet weniger Schaden an als ein Zombiebiss und der eines großen nur wenig mehr. Dafür sind sie in der Lage, mit der doppelten Frequenz anderer Monster zu attackieren. Eine Gruppe von Schleimen kann euch also schnell erhebliche Verletzungen zufügen. Lasst euch niemals von ihnen umzingeln und haltet die Anzahl der bekämpften Schleime stets unter Kontrolle.

WAS SIE HINTERLASSEN

Kleine Schleime hinterlassen bei ihrem Ableben bis zu 2 Schleimbälle, die sich unterschiedlich weiterverarbeiten lassen. Schleimblöcke bieten z. B. beste Unterhaltung, da sie Stürze abfedern. Klebrige Kolben sind Bestandteil vieler Maschinen. Leinen sind sowohl für Landwirte als auch für Besitzer von Eisengolems von großem Nutzen. Und Magmacreme ist für Erforscher des Nethers unabdingbar, da sie für das Brauen von Tränken der Feuerresistenz benötigt wird. Der Schleim darf nicht unterschätzt werden.

Abb. XXXIII.

Auf einer meiner Erkundungsreisen entstandene Skizze eines großen Schleims, wie er sich gerade seinen Weg durch einen Sumpf bahnt.

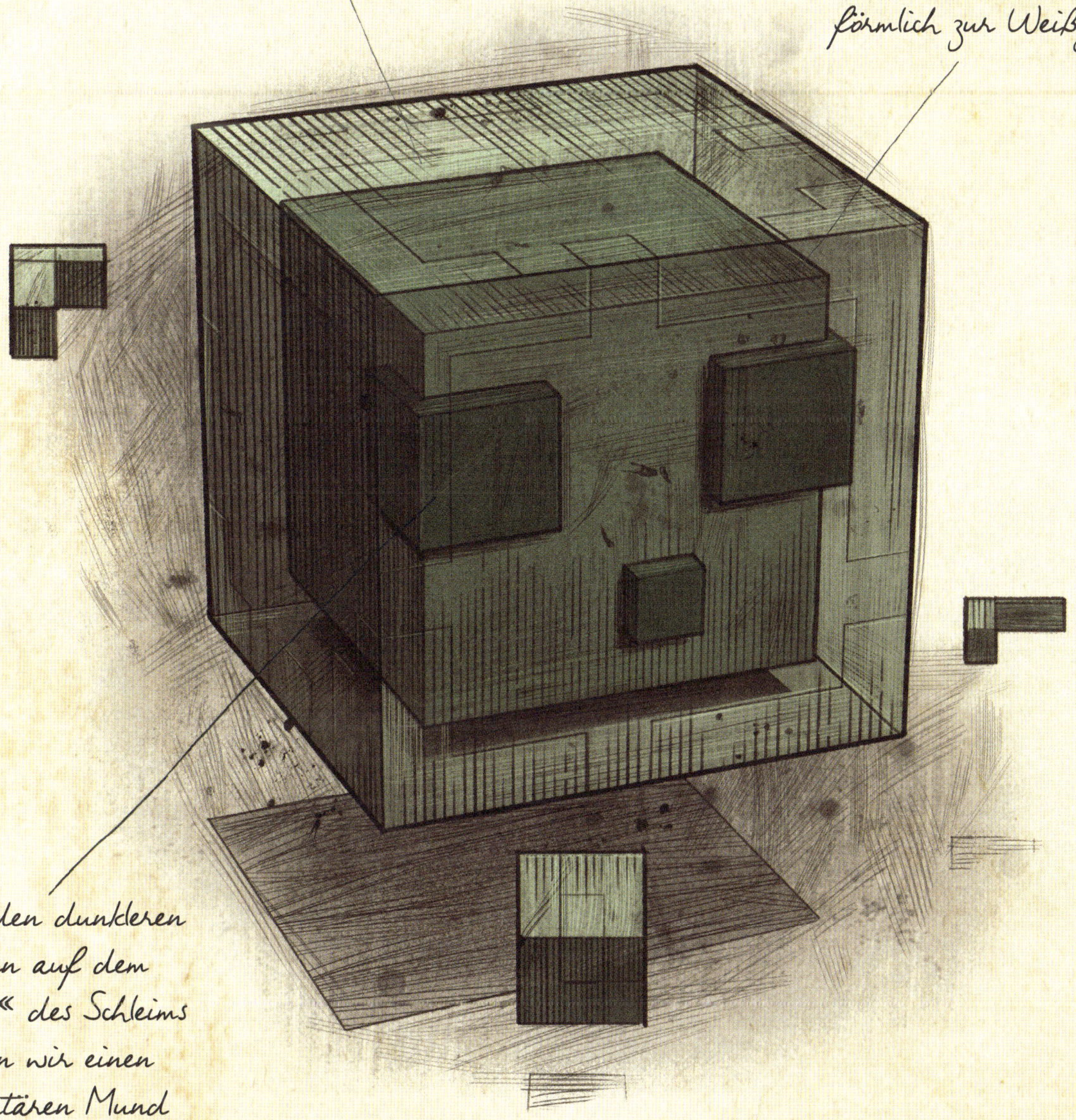

Abb. XXXIV.

Der furchterregende Anblick eines Spinnenreiters in Aktion.

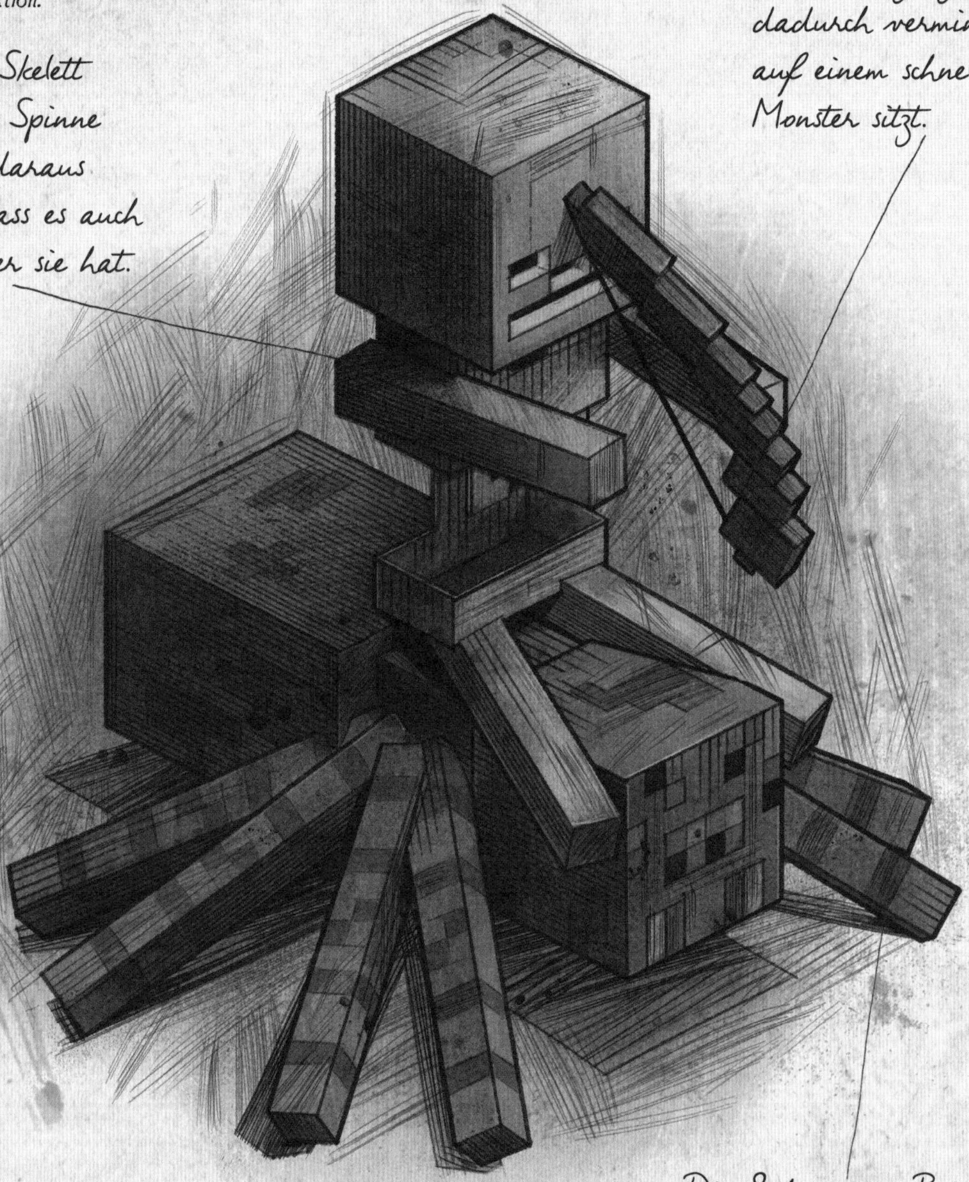

SPINNENREITER

Die gefährlichste Monsterpaarung ist die eines Skeletts und einer Spinne: Die Spinne – wendig und flink – und rittlings auf ihrem wulstigen Leib das Skelett, welches tödliche Pfeile verschießt. Die Kombination ihrer Fähigkeiten und ihres Hasses auf Abenteurer stellt selbst für erfahrene Kämpfer eine Bedrohung dar. Wir nennen dieses furchterregende Phänomen den Spinnenreiter.

EINE WIDERNATÜRLICHE VERBINDUNG

Glücklicherweise ist der Spinnenreiter eine seltene Erscheinung, auf 100 Spinnen kommt eine mit einem darauf reitenden Skelett. Und weil dieses Phänomen auf Orte beschränkt ist, an denen Spinnen üblicherweise auftauchen, wird man im Nether davon normalerweise verschont. Gut, dass Witherskelette nicht auf den behaarten Rücken einer Spinne klettern können. Die Kombination aus regulärem Skelett und Spinne ist jedoch gefährlich genug, denn beide Monster attackieren jedes für sich und können daher sowohl auf Distanz als auch im Nahkampf Schaden verursachen.

Die Spinne und das Skelett müssen beide getötet werden, um die Bedrohung zu beseitigen. Schlägt man auf den Spinnenreiter ein, wird entweder nur Spinne oder nur Skelett getroffen. Stirbt eine der beiden Kreaturen, wird die andere weiterkämpfen.

DAS VERHALTEN DES SPINNENREITERS

Eine Zeit lang ging man davon aus, dass das Skelett sprichwörtlich die Zügel in der Hand hat. Doch nun hat man herausgefunden, dass es in Wirklichkeit die gewiefte Spinne ist. Des Nachts agieren beide als Einheit. Das Skelett steuert seine Finesse im Fernkampf bei, die Spinne ihre Geschwindigkeit und ihr Geschick beim Klettern und Springen. Sowohl Spinnen als auch Spinnenreiter können einen an Orten überraschen, die eigentlich als sicher gelten.

Tagsüber sind sie jedoch kein solch harmonisches Paar. Die Spinne verhält sich während dieser Stunden passiv und ignoriert vorbeiziehende Abenteurer, während ihr Reiter wie wild Pfeile von ihrem Rücken aus verschießt. Man kann sich die Frustration des Skeletts förmlich vorstellen. Zudem wird ein Skelett ohne Helm im Tageslicht Feuer fangen, doch die Spinne macht keine Anstalten, ein schattiges Plätzchen aufzusuchen.

DAS DUO BEZWINGEN

Manche Skelette sollen ihr Reittier mit ungeschickt verschossenen Pfeilen getötet haben. Spinnen wiederum sind schon an Stellen gekrabbelt, die dem Skelett zum Verhängnis wurden – der Reiter ist erstickt. Sie sind also nicht immer ein effizientes Team, dennoch baut ein kluger Kämpfer nicht darauf, dass ein Spinnenreiter sich selbst aus dem Leben befördert. In der Nacht kann er schweren Schaden zufügen.

Schnelle Reaktionen und eine robuste Rüstung sind die beste Verteidigung vor einem Spinnenreiter. Erspäht ihr ihn schon aus der Ferne, haltet ihr ihn am besten mit Pfeil und Bogen auf Distanz. Es empfiehlt sich, den Beschuss entweder auf die Spinne oder das Skelett zu fokussieren.

Erwartet keine großen Belohnungen, wenn ihr einen Spinnenreiter bezwingt. Die Spinne hinterlässt ihre Fäden und manchmal Spinnenaugen, das Skelett seine Knochen plus manchmal den Bogen oder seine Rüstung.

Bisher hat man noch kein Witherskelett auf einer Höhlenspinne reiten sehen – zum Glück. Die Höhlenspinne mit ihrer Schnelligkeit und ihrem Gift und das Witherskelett mit der schrecklichen Ausdörrung, die es verbreitet – nicht auszudenken! Das wäre eine der tödlichsten Kreaturen aller Welten.

PLAGEGEIST

Dieses fliegende Teufelchen liebt es, Forschern und Dorfbewohnern Schreckliches anzutun. Sein Name ist überaus treffend: Es ist eines der lästigsten Monster. Die Magier in Waldanwesen können mehrere Plagegeister gleichzeitig beschwören, jedoch ist unklar, wie viel Kontrolle sie über sie haben. Magier und Plagegeister bilden jedenfalls ein äußerst boshaftes Gespann.

HERBEIRUFUNG DER PLAGEGEISTER

Plagegeister können nur von Magiern erschaffen werden und erscheinen nicht von selbst. Der Akt der Beschwörung ist leicht zu erkennen: Um die ausgestreckten Arme eines Magiers wabert weißer Rauch, und er gibt ein hohes Geräusch von sich. Daraufhin erscheinen 2 bis 4 Plagegeister um den Bösewicht herum. Schon im nächsten Moment stürzen sie sich auf ihr Opfer. Sie jagen auf zerfledderten Flügeln durch die Luft und stoßen kratzige Schreie aus.

Es scheint keine obere Grenze für die Zahl der herbeigerufenen Plagegeister zu geben. Wäre da nicht ihre begrenzte Lebenszeit, würden sie sich wohl in kurzer Zeit zu einer bösartigen Wolke zusammenfinden. Nach etwa 30 bis 100 Sekunden erleiden sie Schaden und fangen an, wegzusterben. Die Plage ist aber erst überstanden, wenn sie in Schwaden aus widerlichem Dunst verschwinden.

FLIEGENDER TEUFEL

Ihre Flughöhe verleiht ihnen einen guten Überblick über den Raum, den sie gerade heimsuchen. Das macht es schwierig, ihren Angriffen auszuweichen. Außerdem sind sie in der Lage, alle Blöcke zu durchdringen, deshalb bietet eine Deckung nicht zwingend Schutz.

Wenigstens können sie durch Blöcke nicht hindurchsehen. Sie werden ihr Ziel aus den Augen verlieren, wenn es diesem gelingt, aus der Kammer zu fliehen und die Tür zuzuschlagen. Hat sich der Plagegeist beruhigt, wird er zu seinem Erschaffer zurückkehren, bis seine Zeit abläuft oder er ein anderes Ziel erspäht.

Jeder Plagegeist führt ein Eisenschwert. Sie schießen mit einem Schrei auf ihre Opfer herab und schlagen zu mit einer Kraft, die den Biss eines Zombies um das Dreifache übertrifft. Wird ein Abenteurer von mehreren Biestern gleichzeitig angegriffen, kann das schnell zum Tod führen.

Ihre Körper sind zäh und können viel Schaden einstecken. Sie sind auch imstande, Feuer und Lava zu widerstehen. Ich mahne deshalb alle Forscher, die ein Waldanwesen erkunden, zu äußerster Vorsicht. Ein Rückzug sollte in Betracht gezogen werden, damit die beschworenen Plagegeister wieder verschwinden. Erst dann kann man einen Angriff auf ihren schändlichen Meister starten – und packt so das Übel an der Wurzel.

BIOLOGIE DER PLAGEGEISTER

Wir wissen nicht, woraus der Leib eines Plagegeists besteht, da es noch nicht gelungen ist, ein Exemplar sicherzustellen. Sein Körper weist aber 2 interessante Eigenschaften auf: Zum einen geht von ihm ein geisterhaftes Licht aus, das seine Umgebung nicht erhellt, den Plagegeist aber in der Dunkelheit sichtbar macht. Die zweite Auffälligkeit ist das plötzliche Aufreißen seiner fahlen Haut, die von roten Linien durchzogen wird, wenn er angreift.

Vielleicht ist das Innere des Plagegeists eine Manifestation von Feuer – das könnte seinen Widerstand gegen Hitze erklären. Oder hat der Plagegeist sogar eine Verbindung ins Reich der Dämonen? Ist er eine künstlich erschaffene Konstruktion des Magiers? Sollten sie tatsächlich dämonisch sein, hätten wir bislang noch keine Beweise für ihre Existenz im Nether entdeckt. Wir müssen weiterforschen!

Abb. XXXV.

Die rot leuchtenden Risse in der Haut des oben skizzierten Plagegeists sind deutlich zu sehen und signalisieren, dass er gerade angreift.

Abb. XXXVI.

Ein die Axt schwingender Diener, entdeckt in einem Waldanwesen.

DIENER

Wie die Magier wurden die Diener aus den Dörfern für ihre unbeschreiblichen Vergehen vertrieben. Nun wandern sie durch die Räume der unheimlichen Waldanwesen. Diener sind häufiger als Magier und haben eine unheilvolle Liebe zur Gewalt und Zerstörung. Wir wissen nicht, was sie in den Wäldern zu erreichen versuchen, aber wir müssen alle wachsam bleiben.

HÜTET EUCH VOR DEM AXTMANN

Diener kann man in Räumen der Waldanwesen antreffen, entweder alleine oder in Gesellschaft von 2 anderen oder aber paarweise an der Seite eines Magiers, dem sie dienen. Abgesehen von ihrer grauen Haut ähneln sie Dorfbewohnern, doch sie ziehen sich eleganter an, tragen eine schwarze Jacke und dunkelgrüne Hosen.

Man rechnet sie zu den »Illagern«. Ihre Zahl in der Welt ist begrenzt, sie können sich nicht fortpflanzen oder vermehren. Sobald sie entdeckt werden, verweilen sie an diesem Ort, bis sie besiegt werden.

Diener sind äußerst aggressiv. Wenn sie einen Abenteurer, Dorfbewohner oder Eisengolem erspähen sollten, werden sie ihre verschränkten Arme öffnen, ihre Axt offenbaren und losrasen, um wie besessen damit auf ihr Ziel einzuhacken.

Die von unsereins benutzten Äxte sind überwiegend nur zum Holzfällen gedacht und nicht als Waffe geeignet. Die Äxte der Diener jedoch wurden für den Kampfeinsatz geschmiedet, einige sind sogar verzaubert. Die Diener schwingen sie mit furchterregender Kraft. Sie teilen brutale Schläge aus, die ihresgleichen suchen, und ihre Kampfeslust ist nicht zu befriedigen. Wenig kann sie aufhalten.

BARBARISCHE TAKTIKEN

Doch mit Sachkenntnis können diese Unholde in ihre Schranken verwiesen werden. Zunächst sind Rüstung oder Schutzverzauberungen notwendig, um die Wirkung ihrer Schläge zu mindern. Besser ist auch, Diener unter kontrollierten Bedingungen zum Kampf zu stellen und nicht blindlings ein Gefecht anzuzetteln. Also keine Gruppe auf offenem Gelände angreifen, die einen im Handumdrehen umzingeln könnte. Macht einen taktischen Rückzug zu einer Tür oder ähnlichen Öffnungen. So könnt ihr einem nach dem anderen gegenübertreten.

Gleichzeitig 2 Dienern und einem Magier zu begegnen kann schon zu viel sein. Nicht nur muss man die Äxte der Diener meiden, sondern ebenso die Fangzähne der Magier sowie die herbeigerufenen Plagegeister im Auge behalten. Sogar ein erfahrener Abenteurer kann durch solche Angriffe leicht überwältigt werden. Man bringe daher Begleiter mit, ob andere Abenteurer oder Beschützer wie Eisengolems. Die Zähigkeit des Golems wird die Aufmerksamkeit der Diener für einige Zeit auf sich ziehen, aber haltet eure Beschützer nicht für unbesiegbar. Unter normalen Schwierigkeitsbedingungen hacken Diener einen Eisengolem mit nur 8 Hieben kurz und klein.

Lasst euch gegenüber einem so mächtigen Feind nicht zu Heldentaten hinreißen. Der Diener vergisst sein auserwähltes Opfer nah kurzer Zeit.

DEN DIENER FÄLLEN

Während ein Diener heftige Schläge austeilt, ist er in Bezug auf seine Gesundheit nicht allzu robust: Er ist weniger zäh als ein Zombie. Stirbt ein Diener, hinterlässt er manchmal einen Smaragd und eventuell auch seine Axt.

Ich habe von einem besonders gewalttätigen Diener gehört, der »Johnny« genannt wird. Dieser Typ ist anscheinend so blutrünstig, dass er jede Kreatur in der Nähe angreift, außer Magier und andere Diener. Die Erzählungen besagen, dass zu viel Arbeit und kein Spaß Johnny in den Wahnsinn getrieben haben sollen.

HEXE

Die Hexe lacht hämisch vor sich hin und schleudert üble Wurftränke auf jeden Abenteurer, der ihren Weg kreuzt. Sind Hexen ausgestoßene Dorfbewohner, die sich mit verbotenen Mächten einließen? Oder leben sie gern wie Einsiedler? Wie auch immer, man sollte auf seinen Reisen stets auf der Hut sein, wenn man auf eine menschliche Gestalt trifft.

GEWOHNHEITEN DER HEXEN

Sie üben ihre Hexerei in Hütten aus, die auf Pfählen in Sümpfen ragen. Darin findet man die üblichen Utensilien von Hexen: eine Werkbank, einen Kessel und einen Blumentopf mit einem Pilz darin, der in ihren Gebräuen Verwendung findet.

Man stößt eher selten auf solche Sumpfhütten, dafür wandern Hexen des Nachts und in dunklen Gebieten umher. Man sollte immer auf ihr Glucksen horchen. Gelegentlich können Hexen auch in Dörfern nach Gewitterstürmen auftauchen. Eines Tages konnte ich beobachten, wie ein vom Blitz getroffener Dorfbewohner sich eine Hexe verwandelte. Vielleicht ist das sogar ihr Ursprung.

Obwohl Hexen wahrscheinlich von Dorfbewohnern verjagt worden sind, hat noch nie eine Hexe einen Dorfbewohner angegriffen – allerdings auch kein aggressives Monster, was Zweifel an ihrer Unschuld aufkommen lassen sollte.

FAULE MAGIE

Hexen verwenden Tränke, um Feinde anzugreifen und sich zu verteidigen. Sie wissen viel über die verschiedensten Gebräue. Meist versuchen sie zuerst, ihren Feind mit einem Trank der Langsamkeit am Rückzug zu hindern. Dann werden sie einen Wurftrank der Vergiftung schleudern, um allen Kreaturen in der Umgebung die Lebenskraft zu entziehen. Es kann anstrengend werden, sich der Übeltäterin zu nähern. Wer es schafft, wird dann mit Tränken der Schwäche bombardiert, die die Angriffsstärke senken.

Es ist nicht unüblich, von allen 3 Effekten gleichzeitig gequält zu werden. In jedem Fall wird die Hexe Wurftränke des Schadens einsetzen – ungut, wenn man bereits durch Gift geschwächt ist. Die Hexe selbst wird fleißig Tränke der Heilung trinken, um ihre Gesundheit zu regenerieren, aber auch Tränke der Geschwindigkeit, damit sie ihrem Opfer auf den Fersen bleiben kann. Hexen haben einige Überlebenstricks parat. Sollte man die Hexe in Brand stecken, wird sie einen Trank der Feuerresistenz zu sich nehmen; im Wasser hilft ihr ein Trank der Wasseratmung.

Tränke gegen Hexen sind wenig effektiv, die Hexen schütteln die Effekte einfach ab. Eine Schwäche der Hexen ist jedoch ihr Temperament. Eine Hexe, die von Wurftränken einer anderen Hexe getroffen wurde, wird diese angreifen. Manche kämpfen anschließend stundenlang gegeneinander. So viel zur Belastbarkeit der Hexen gegenüber Magie.

DIE HEXE BESIEGEN

Die Tricks der Hexe muss man mit Waffen beantworten. Einige Krieger nehmen zusätzlich einen Trank der Geschwindigkeit ein, um die Wirkung des Langsamkeit-Tranks aufzuheben, sowie Tränke der Regeneration, um Giftschaden entgegenzuwirken. Viele greifen lieber mit einem Bogen aus sicherer Entfernung an, aber ein zuverlässiges Schwert reicht aus, damit kann man die Hexe niederstrecken.

Hexen zu besiegen lohnt sich. Sie verbergen viele Gegenstände in den Falten ihrer Roben: Glasflaschen, Glowstonestaub, Schwarzpulver, Redstone, Spinnenaugen, Zucker und Stöcke. Sie hinterlassen ein Sammelsurium aus bis zu 6 dieser Gegenstände als Beute. Wenn sie zufällig einen Trank im Moment ihres Todes trinken, kann es sein, dass sie diesen auch fallenlassen.

Abb. XXXVII.

Feldskizze einer Hexe, die einen Abenteurer mit üblen Tränken angreift.

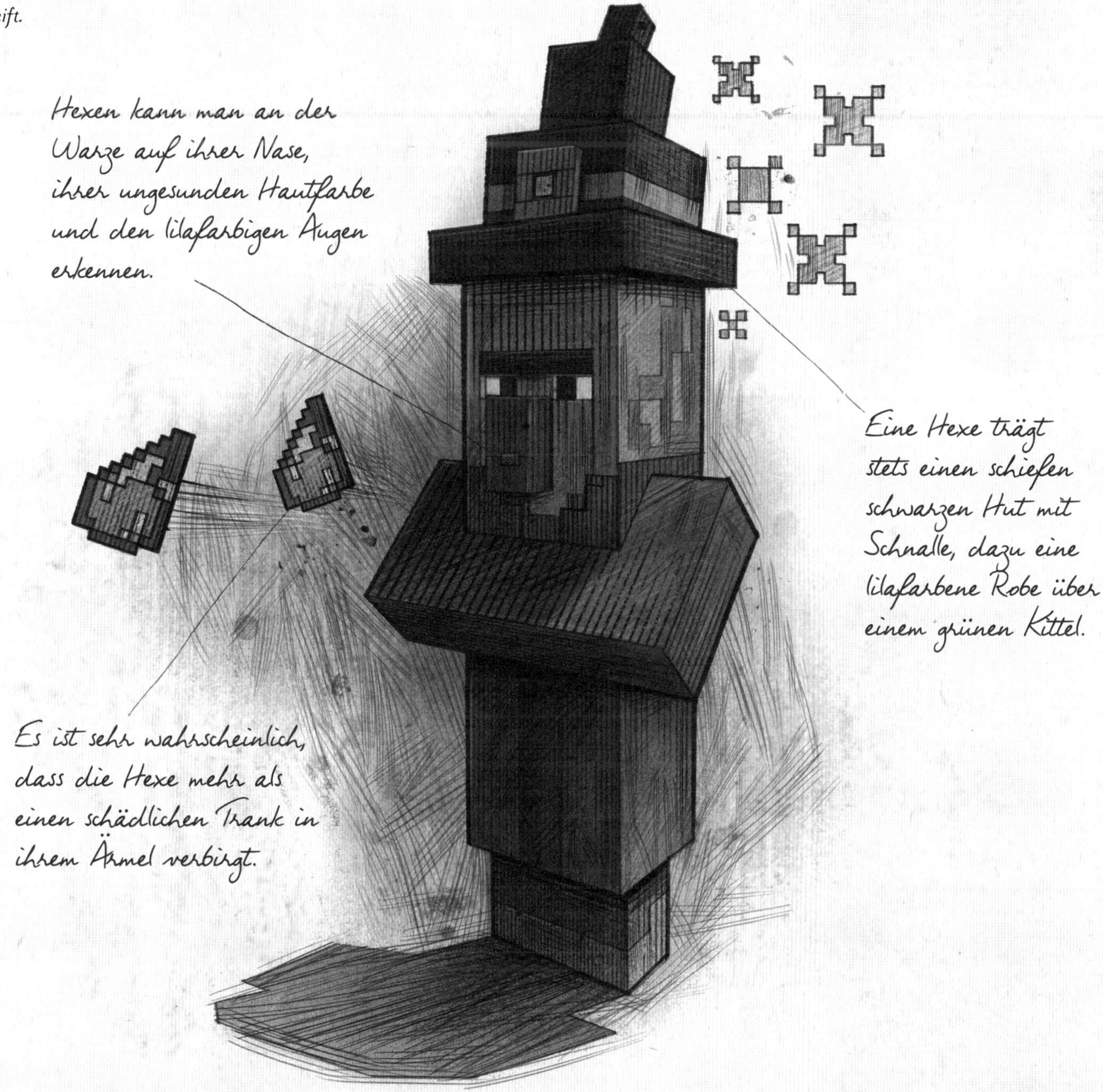

Abb. XXXVIII.

Die Ehrfurcht gebietende Erscheinung eines Witherskeletts, das in einer Netherfestung patrouilliert.

WITHERSKELETT

Dieses Monster des Nethers nötigt selbst erfahrenen Kriegern Respekt ab. Seine hochgewachsene Statur wirft viele Fragen auf: Welches Wesen war es, als es noch lebendig war? Bauten sie die Netherfestungen? Witherskelette stehen aufrecht und sind furchtlos und stark, ihre Knochen so schwarz wie Kohle. Sie vermögen eine kräftezehrende Krankheit auszulösen, bekannt als Ausdörrung.

FESTUNGSBEWOHNER

Es wird angenommen, dass das Witherskelett die Rolle eines Anführers unter seinen schwächeren Skelettvettern einnimmt. Tapfere Statistiker haben ausgerechnet, dass auf 10 Skelette im Nether 8 Witherskelette und nur 2 gewöhnliche Skelette kommen.

Glücklicherweise hat das Witherskelett eine Schwäche. Während andere feuerliebende Monster des Nethers keine Angst vor Licht haben, erscheint das Witherskelett nur dort, wo es dunkel ist. Man kann Fackeln verwenden, um sein Auftauchen zu verhindern.

GEFAHREN DER AUSDÖRRUNG

Ein Witherskelett führt sein Schwert trotz seiner dünnen Arme mit überraschender Kraft. Ein Schwertstreich verursacht schwere Verletzungen, und die sind nur der Anfang eines langen Siechtums.

Nur wenige, die mit Ausdörrung angesteckt worden sind, kehrten heim. Doch wissen wir heute mehr über die Krankheit. Sie färbt die Herzen der Opfer schwarz und zehrt alle 2 Sekunden an ihrer Gesundheit. Der Verlauf ähnelt einer Vergiftung, aber mit einem entscheidenden Unterschied: Während Vergiftung nicht zum Tod führt, sondern höchstens kurz davor, überschreitet die Ausdörrung diese Grenze und kann ihr Opfer vernichten.

Als wir das erste Mal auf die Auswirkung dieser Sieche stießen, wurde sogleich nach einem Heilmittel gesucht. 2 mögliche Behandlungen wurden entdeckt: Ein Trank der Regeneration wird die Gesundheit schneller wiederherstellen, als die Ausdörrung ihren Effekt entfaltet. Leider kann er die Wirkung der Krankheit nicht aufheben. Dafür braucht man Milch.

Kriegern, die einem Witherskelett gegenübertreten wollen, kann ich nur raten, ihre Waffen mit der Verzauberung »Bann« zu versehen. Dieser Effekt fügt allen Untoten größeren Schaden zu, auch den Witherskeletten. Man könnte auch die Größe der Witherskelette für sich nutzen, denn sie messen etwas mehr, als 2 Blöcke hoch sind. Sie können demnach niedrige Türöffnungen nicht durchschreiten. Beschränkt den Zugang zu Räumen, indem ihr niedrige Türen einbaut. Ihr könnt diese ungehindert passieren, aber Witherskelette bleiben hilflos auf der anderen Seite stehen.

DER WITHERSKELETTSCHÄDEL

Das Witherskelett ist von besonderem Interesse für Abenteurer wie uns, und zwar wegen seines Schädels. 3 davon sind erforderlich, um den Wither wiederzubeleben, ein schreckliches Monster, das bezwungen werden muss, um an den fabelhaften Netherstern zu gelangen. Später folgen umfassende Notizen dazu.

Nur selten findet man den Schädel eines Witherskeletts. Viel häufiger lassen sie bloß Kohle und Knochen zurück. Studien haben untersucht, wie oft so ein Schädel gefunden werden kann. Das Ergebnis: Man muss etwa 40 Witherskelette töten, um einen Schädel einzusammeln. Die Verzauberung »Plünderung« ist hilfreich, doch sollte man sich trotzdem auf zahlreiche Kämpfe gegen Witherskelette einstellen.

Mein Appell an alle Abenteurer: Gebt niemals auf. Nehmt den Schwertknauf in die Hand und werft euch in den Kampf!

ZOMBIE

Der Zombie ist der häufigste Vertreter aller Monster, die uns schaden wollen. Die meisten Abenteurer sehen in ihnen aber keine ernste Gefahr, da sie langsam sind und sich mit lautem Stöhnen ankündigen. Wissenschaftler räumen inzwischen ein, dass die meisten Zombies einst Menschen wie wir waren. Die Ähnlichkeiten in ihrer zerlumpten Kleidung und Gestalt sind nicht zu übersehen.

ZOMBIEFIZIERTE BEVÖLKERUNG

Zombies können beim ziellosen Herumwandern in Gruppen von 4 Exemplaren gesichtet werden, überall in der Oberwelt, bei Nacht und auch im Untergrund in Dunkelheit. Sie tragen manchmal Waffen und Rüstungen; in sehr seltenen Fällen sind sie aus Diamant und verzaubert.

Im Sonnenlicht fangen Zombies an zu brennen, außer sie tragen Helme. Wüstenzombies hingegen fangen im Sonnenlicht kein Feuer, fügen ihren Opfern aber den Effekt Hunger zu. Jeder 20. Zombie ist ein Zombiekind, das sowohl bei Nacht als auch bei Tag durch die Welt rennt. Es entführt sogar Hühner und wird zum Hühnerreiter. Einer unter 20 Zombies war mal ein Dorfbewohner – der Dorfbewohnerzombie.

Als dieses Phänomen das erste Mal beobachtet wurde, waren Forscher verwirrt. Wie wurden aus Dorfbewohnern Zombies? Als die ersten Berichte über Massenangriffe von Zombies auf Dörfer zur Mitternachtsstunde eintrafen, war vieles klarer. Große Zombiehorden können sogar die Eisengolems eines Dorfs niederringen. Die Zombies jagen die Dorfbewohner, poltern an ihren Türen und durchbrechen sie manchmal. (Nur Eisentüren halten Zombies stand, obwohl sie hindurchgreifen können.)

Die von Zombies geschnappten Dorfbewohner werden häufig in Dorfbewohnerzombies verwandelt. Aber man kann sie durch eine Prozedur heilen, die im Kapitel über Dorfbewohner beschrieben wird. Es ist schwierig und wirkt auch nur bei Dorfbewohnerzombies, doch es kam die Frage auf, ob die Zombifikation im Allgemeinen nicht rückgängig gemacht werden kann.

GEWOHNHEITEN ZERLUMPTER GESELLEN

Klar, ein Zombie ist etwas beschränkt, aber er besitzt überraschende geistige Anlagen. So hat er die Fähigkeit, Abenteurer und Dorfbewohner auf eine Entfernung von 40 Blöcken zu sichten. Allerdings kann er Abenteurer nicht erschnuppern, somit bleibt man unentdeckt, wenn man sich hinter einer Wand versteckt. Dorfbewohner scheinen nicht so leicht davonzukommen. Vielleicht riechen sie strenger? Zombies können auch zusammenarbeiten. Sie rufen in der Nähe befindliche Zombies zu Angriffen auf Abenteurer hinzu. In schwierigen Welten können Anführer Kameraden aus dem Nichts herbeirufen. Sollte es uns gelingen, ihr Grunzen zu entschlüsseln, entdecken wir vielleicht eine Art Sprache – aber ob wir mit ihnen reden wollen?

JAGD AUF ZOMBIES

Zombies sind nicht schnell, aber ihre Bisse können Schmerzen verursachen. Man sollte sich nie von Zombies beißen lassen, die gerade im Tageslicht verbrennen, weil sie einen dabei auch in Brand stecken können. In Horden sind sie jedoch am gefährlichsten. Hier gilt: Ruhig Blut, mit seinem Schwert zuschlagen und sie zurücktreiben.

Weil Zombies untot sind, werden sie durch einen Trank des Schadens nicht verletzt. Sie fürchten jedoch Tränke der Heilung. Man kann also im Nahkampf einen Wurftrank der Heilung auf den Boden werfen, um damit sich selbst zu heilen und nahen Zombies Schaden zuzufügen. Ebenfalls ausgezeichnet gegen Skelette geeignet.

Abb. XXXIX.

Frühe Skizze eines einsamen, tobenden Zombies, den ich außerhalb meines Unterschlupfs entdeckt habe.

ZÄHMBARE KREATUREN

Es gibt einige Kreaturen, die für jeden Abenteurer von großem Nutzen sein können, wenn es gelingt, sie zu fangen und zu zähmen. Auf den folgenden Seiten findet ihr ausführliche Beschreibungen darüber, wie man diese Tiere bändigt.

Abb. XL.

Eine Herde von Pferden, entdeckt auf einer Ebene. Man beachte die seltene, gezähmte Variante des Skelettpferds.

PFERD

Stolz durchstreift das Pferd die Ebenen und Savannen der Oberwelt in Herden von 2 bis 6 Tieren. Edelmut gepaart mit einem starken Charakter machen das Pferd zu einer Herausforderung, will man sich auf seinem Rücken halten. »Das Glück der Erde liegt auf dem Rücken der Pferde, und das Glück der Pferde ist der Reiter auf der Erde.« Aber Geduld lohnt sich am Ende!

ZÄHMUNG DES PFERDS

Die Zähmung eines Pferds ist nicht leicht. Wie schnell man das Vertrauen eines Pferds erlangt, hängt von seinem Wesen ab. Jedes Pferd bestimmt selbst, wann es einen Reiter auf seinem Rücken akzeptiert.

Keiner sollte verzagen, wenn er bei seinem ersten Reitversuch im Graben landet. Jeder weitere Versuch weicht den Widerstand des Pferds auf. Man kann versuchen, es mit seinem Lieblingsfutter gefügiger zu machen. Die Laune des Pferds steigt durch das Füttern von Zucker, Weizen und Äpfeln. Noch mehr Erfolg erzielt man mit einer goldenen Karotte, und das Highlight ist ein goldener Apfel.

GEBRAUCH VON PFERDEN

Einmal gezähmt, kann ein Pferd frei geritten werden. Aber man braucht einen Sattel, um Kontrolle auszuüben. Sättel sind ein seltener Gegenstand, der in Truhen gefunden werden kann, meist in Häusern von Schmieden, in Verliesen und Netherfestungen. Oder man ergattert einen beim Handel mit Dorfbewohnern. Für einen langen Ausritt sollte man in Ruhe das passende Pferd auswählen, da jedes Pferd anders ist. Einige Entdecker bevorzugen Geschwindigkeit. Die schnellsten Pferde sind über dreimal schneller als ein Wanderer zu Fuß. Mit einem Trank der Geschwindigkeit werden sie noch schneller. Andere wollen Sprungkraft. Ein Pferd kann überraschende Höhen und Entfernungen überwinden, manchmal erreicht es die zweifache Sprungleistung eines Abenteurers.

Krieger, die gern ihr Schwert zu Pferd schwingen, bevorzugen die Gesundheit eines Pferds. Man kann sein Ross mit einer Pferderüstung ausstatten, um es widerstandsfähiger zu machen. Wichtig ist vor allem Proviant für das Pferd, um seine Gesundheit aufrechtzuerhalten. Strohballen sind genau richtig. Im traurigen Falle seines Ablebens lässt das Pferd bis zu 2 Stücke Leder zurück sowie seine getragenen Gegenstände.

Die Oberwelt beherbergt nicht nur Pferde, sondern auch ihre kleineren Vetter, die Esel. Esel sind nicht ganz so stolze Geschöpfe, aber zollt man ihnen den nötigen Respekt, sind auch sie gerne zu Diensten: Anstatt Rüstung zu tragen, sind sie bereit, große Lasten zu schleppen. Sie dulden es, wenn man ihnen prall gefüllte Truhen auf den Rücken schnallt, die sie ohne zu murren über weite Entfernungen tragen.

DAS ZÜCHTEN VON PFERDEN

Nur goldene Karotten oder goldene Äpfel werden Pferde dazu veranlassen, sich fortzupflanzen. Ihre Fohlen werden stets ungezähmt geboren und müssen nach der Geschlechtsreife eingeritten werden. Die Paarung zweier Pferde ergibt ein Pferdefohlen, die zweier Esel ein Eseljunges. Aus der Kreuzung von Pferd und Esel entsteht ein Maultier. Man erkennt sie an den langen Ohren. Sie tragen Lasten, ihre Fellfarbe ist jedoch dunkler als die der Esel, und sie werden fast so groß wie ein Pferd.

Es gibt 2 Erscheinungsformen des Pferds, die weniger erbaulich sind. Ersteres ist das Skelettpferd. Dann gibt es ein weiteres schreckliches Lebewesen aus der Pferdefamilie: das Zombiepferd. Gelehrte haben entdeckt, dass die Geschichten wahr zu sein scheinen, jedoch kann es nur auf äußerst unnatürliche Weise beschworen werden.

LAMA

Die natürlichen Lebensräume des Lamas sind die Savannenhochebene und alle extremen Berge. Das macht sie zu zähen Tieren, die sowohl bei trockener Hitze als auch beißender Kälte bestens zurechtkommen. Sie sind liebenswerte Geschöpfe und zufrieden mit ihrer Rolle als treuer Begleiter eines Abenteurers. Einmal gezähmt, werden sie viele nützliche Aufgaben übernehmen.

SÄUGETIER DER BERGE

Lamas sind grasende Pflanzenfresser und werden in Herden von 4 oder 5 Tieren angetroffen, manchmal mit Jungen. Sie ziehen es vor, sich im oberen Bereich von Hängen und Hügeln aufzuhalten – eindeutig Gebirgstiere. Dementsprechend sind sie sehr ausdauernd, und ihre wolligen Fellmäntel halten sie warm. Ihr Fell kann 4 verschiedene Farben aufweisen: braun, sand- bis hautfarben, weiß mit grauen Flecken und weiß.

Sie sind sanftmütig, solange sie nicht provoziert werden – ob durch neugierige Forscher oder andere Kreaturen. Sollten sie sich angegriffen fühlen, spucken sie ihrem Angreifer einen Klumpen Speichel entgegen, der sogar ein wenig Schaden verursacht. Wilde Wölfe werden von Lamas jedoch ohne Provokation angespuckt. Selbst grimmige Wölfe haben schon infolge der Spuckattacken ihr Heil in der Flucht gesucht.

EINSATZ DES LAMAS

Nach dem Zähmen kann man sich der vielen Eigenschaften dieser wolligen Wesen erfreuen, die von großem Nutzen für Forscher sind. Sie werden auf ähnliche Weise wie Pferde domestiziert; man versucht also, mehrere Male aufzusteigen. Es wird jedoch nicht empfohlen, ein Lama zu reiten. Sie tragen zwar brav das Gewicht des Abenteurers, sträuben sich aber gegen alle Befehle.

Dieses Verhalten der Lamas ist keine Sturheit. Mithilfe einer Leine werden sie euch gehorsam folgen. Legt so eine Leine aus Fäden und einem Schleimball einem einzelnen Tier um. Bis zu 9 in der Nähe befindliche Lamas, ob gezähmt oder wild, erwachsen oder noch jung, werden dahinter eine Karawane bilden. Diese folgt nun ihrem Leittier, auch im Trab. Alle Karawanenführer sollten jedoch bei tückischem Untergrund aufpassen.

Eine Karawane aus Lamas ist ein fantastischer Anblick. Mehr als das: Jedes Lama kann mit einer Truhe ausgestattet werden und wird so zu einem tollen Lasttier, das Waren durch die Oberwelt transportiert. Die sichtbar über den Rücken des Lamas gegurtete Truhe kann eine unterschiedliche Anzahl von Gegenständen enthalten, zwischen 3 und 15, abhängig von der Kraft des jeweiligen Tiers. Gewiefte Karawanenführer prüfen die Lamas auf ihre Belastbarkeit, bevor sie ihre Karawane zusammenstellen, um möglichst viel transportieren zu können.

EIN DEKORATIVES TIER

Möchte man seiner Karawane einen feierlichen Anstrich verleihen, kann man den Lamas bunte Stoffe statt der Truhe überwerfen. Verwendet gefärbte Wolle, um den Tieren über ihren Rücken und um ihren Hals und Kopf fein gemusterte Stoffstücke zu drapieren.

Wie jedes andere domestizierte Tier auch können Lamas gezüchtet werden. Gebt 2 erwachsenen Tieren Strohballen zu fressen, damit sie sich fortpflanzen. Ein Jungtier ist die Folge. Es wird die Fellfarbe von einem Elterntier übernehmen, und auch seine Tragkraft wird durch seine Eltern beeinflusst – obwohl 2 starke Lamas nicht immer starke Nachkommen erzeugen. Wenn man eine besonders tragfähige Karawane zusammenstellen möchte, muss man dafür als Züchter hart arbeiten. Ich möchte noch erwähnen, dass diese entzückenden Tiere bis zu 2 Stück Leder hinterlassen, sollten sie tragischerweise den Tod finden.

Abb. XLI.

Eine Lamafamilie. Die Querschnittsskizze zeigt die Speichelproduktion im Detail.

Abb. XLII.

***S**kizze eines **O**zelots neben 2 **K**atzen.*

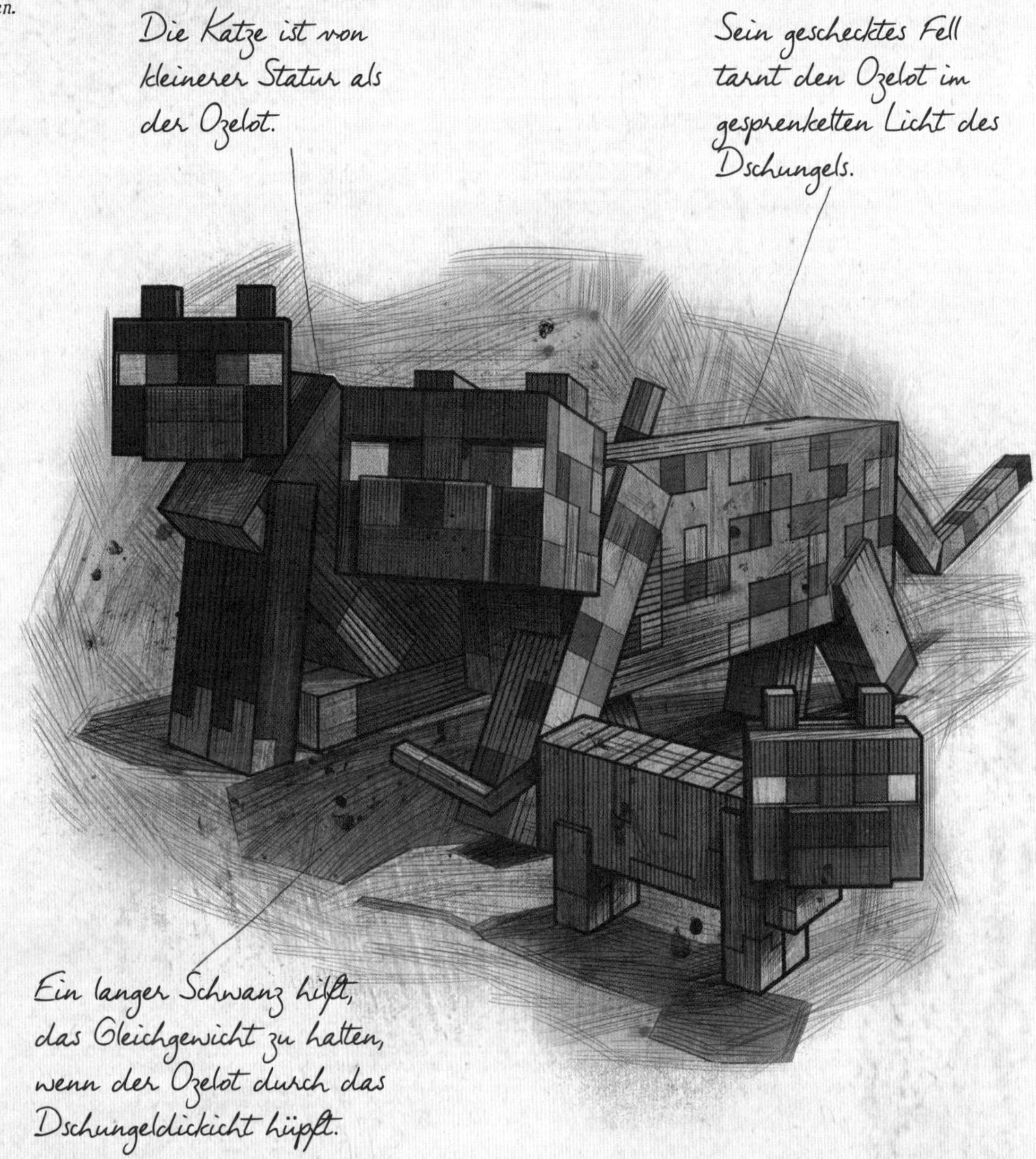

OZELOT

Häufig hört man, die Menschen ließen sich in Hunde- und Katzenliebhaber unterteilen. Dasselbe gilt für Wölfe und Ozelots – gleichwohl zeichnen sich beide durch ihre Gefolgsbereitschaft aus. Biologisch betrachtet ist der Ozelot wild und lebt im Dschungel, verwandelt sich aber in eine domestizierte Katze, wenn er gezähmt wird. Wir werden im Folgenden beide Tierformen untersuchen.

DER WILDE OZELOT

Der Ozelot durchstreift das Unterholz von Dschungeln und stellt dem Huhn nach. Geduckt schleicht er knapp über dem Boden entlang, bis er in Reichweite seiner gluckenden Beute ist. Dann stürzt er sich mit tödlicher Grazie auf sein Opfer. Auch wenn man mit dem Huhn mitfühlt, so ist nun mal der ewige Kreislauf des Lebens.

Ozelots haben Angst vor Abenteurern und werden vor ihnen die Flucht ergreifen. (Ozelots und Katzen sind zwei der wenigen Kreaturen, die sprinten können.) Ozelots haben scharfe Sinne, denn sie wittern einen Abenteurer, selbst wenn dieser einen Trank der Unsichtbarkeit zu sich genommen hat. Sie können aus jeder Höhe fallen, ohne sich zu verletzen.

ZÄHMUNG DES OZELOTS

Man kann einen Ozelot dazu bringen, kurzzeitig seine Scheu vor Abenteurern zu überwinden: Hält man rohen Fisch in der Hand, wird der Ozelot sich vorsichtig nähern, bis er so nah ist, dass man ihn füttern kann. Dabei darf man sich auf keinen Fall bewegen! Dann verscheucht man ihn. Vielleicht werdet ihr das Tier so zähmen. Ist man erfolgreich, wird der Ozelot sich verwandeln, kleiner werden und eine von 3 Fellfarben annehmen: rot getigert (Tabby), schwarz-weiß (Tuxedo) oder grau (Siamkatze). Bleibt der Zähmungsversuch ohne Erfolg, verweilt der Ozelot dennoch für kurze Zeit vergnügt in der Nähe des Abenteurers. Wer Ozelots in der Wildnis lange genug beobachtet, kann mit Glück ihre Nachkommen erspähen.

DER BESITZ VON KATZEN

Die Katze ist ein wunderbarer Begleiter, sie schnurrt, miaut und folgt euch überall hin. Katzen können allerdings eigensinnig, unzuverlässig und manchmal nervtötend sein, wenn man dringende Aufgaben erledigen will.

Wenn eine Katze in der Nähe von warmen, bequemen Plätzen herumstreunt, vorzugsweise Betten, Öfen oder Truhen, wird sie wahrscheinlich hinaufhüpfen und sitzen bleiben. Diese Blöcke sind so lange nicht nutzbar, bis sich die Katze davonbequemt. Befehle werden von ihr natürlich ignoriert, deshalb empfiehlt sich das Locken mit Fisch oder ein kleiner Schubs. Manche Siedler schließen deshalb ihre wichtigsten Hilfsmittel in unzugängliche Kammern ein. Obwohl sie ungern herumkommandiert werden, kann man Katzen befehlen, zu Hause zu bleiben, wenn man zu einem Abenteuer aufbricht – sie setzen sich dann sofort hin, bequem wie sie sind.

Ehrlich gesagt haben Katzen wenig praktischen Nutzen, im Unterschied zum Hund, der sich neben seinem Halter in den Kampf stürzen wird. Katzen haben jedoch eine Eigenschaft, die sich als lebensrettend erweisen kann. Katze wie auch Ozelot verursachen bei Creepern solche Angst, dass diese beim Anblick der Katzentiere davonlaufen. Gelehrte haben bisher keinen Grund für diese schreckhafte Reaktion finden können.

Ein kluger Abenteurer hält sich daher Katzen als Abschreckungsmittel für Creeper. Ein klügerer Abenteurer weiß jedoch, dass er sich nie völlig in Sicherheit wiegen kann, denn Katzen werden Creeper nicht aktiv jagen. So kann es passieren, dass ein Creeper bei seinem Spießrutenlauf durch die Katzenverteidigungslinien in die falsche Richtung läuft. Ach, wenn Katzen nur härter arbeiten würden ...

WOLF

Das Leben auf der Oberwelt kann fürwahr sehr hart und entmutigend sein, doch selbst an den entlegensten Orten findet man Kameradschaft. Wohl die beste Wahl als Begleiter ist der Wolf. Es erfordert nur geringe Anstrengung, ihn zu zähmen. Einmal gezähmt, wird der Wolf zum Hund und ist nicht nur ein dankbarer Begleiter, sondern auch ein treuer Beschützer.

HABITAT DES WILDEN WOLFS

Wölfe sind Tiere der Wälder und Taigas und schützen sich mit ihrem dichten Pelz gegen die Kälte. Sie werden in Rudeln von 4 Tieren beobachtet, mitunter auch mit Welpen, und jagen Kaninchen und Schafe. Ihre Fähigkeit, bei der Jagd im Rudel zusammenzuarbeiten, ist bemerkenswert. Der Wolf ist jedoch mitnichten ein blutrünstiger Mörder. Er wird in der Oberwelt keinen Abenteurer angreifen, solange dieser ihn nicht provoziert.

Ein gereizter Wolf ist ein wirklich furchteinflößender Anblick. Für einen Krieger ist ein einzelner Wolf jedoch keine große Bedrohung, da er mit 2 Schwertstreichen besiegt werden kann. Aber es sind loyale Tiere, und einen einzelnen Wolf anzugreifen bedeutet, es mit dem ganzen Rudel aufzunehmen. Aber da Wölfe keine Beute hinterlassen, gibt es eigentlich keinen Grund, sie anzugreifen.

ZÄHMUNG DES WOLFS

Das Zähmen eines Wolfs ist unkompliziert, man muss ihn nur mit Knochen füttern. Es kann allerdings einige Knochen erfordern, bevor ein Wolf zufriedengestellt ist. (Vorsicht, den Wolf mit dem Knochen nicht zufällig schlagen. Er wird das als Angriff werten.) Ist der Wolf gezähmt, gilt er von da an als Hund, erkannbar an seinem roten Halsband, dem gutmütigen Blick und erhobenem Schwanz. Er wird seinem Halter überallhin folgen, auf Kommando sitzen bleiben und auf ihn warten. Der Hund ist furchtlos und treu und wird an der Seite seines Halters fast alles und jeden angreifen.

DAS LEBEN MIT DEM HUND

Hunde sind schlau, deshalb werden sie keine Creeper oder Ghasts angreifen, um sich nicht voreilig ins Verderben zu stürzen. Doch früher oder später wird ein Hund sich verletzen. Obwohl er zäher ist als der wilde Wolf (man kann bei beiden den Gesundheitszustand an der Höhe der Rute ablesen), solltet ihr ihn mit Fleisch füttern, um seine Gesundheit wiederherzustellen. Hunde sind nicht pingelig, verrottetes Fleisch tut es auch.

Ein Hund wird keine Kaninchen oder Schafe mehr jagen, aber er wird nach wie vor Skelette ohne jegliche Provokation gnadenlos angreifen. Er ist deshalb ein ausgezeichneter Gefährte für nahezu alle Reisen. Tatsächlich halten Hunde auf verblüffende Weise immer mit ihrem Halter Schritt, solange ihnen nicht befohlen wurde, sitzen zu bleiben. Leider sind sie nicht unverwüstlich. Einige Forscher haben traurige Bilanz gezogen: Hunde gehen verloren oder stürzen aus großen Höhen in die Tiefe beim Versuch, ihren Haltern zu folgen.

Man kann ruhig mehrere Hunde halten, für den Fall, dass einer verloren geht. Gesunde Hunde lassen sich durch weiteres Füttern mit Fleisch paaren. Die Welpen akzeptieren denselben Halter, dem ihre Eltern treu sind. (Wenn beide Eltern verschiedene Halter haben, wird sich der Welpe für den Halter des Elternteils entscheiden, das zuletzt in den Paarungsmodus versetzt wurde.)

Hundehalter werden ihre eigenen von fremden Hunden unterscheiden wollen. Mit Farbstoff kann man die Halsbänder umfärben oder sie mit einem Namensschild versehen. Ich glaube übrigens, dass jeder Hundebesitzer, egal, wo er gerade ist, spüren wird, wenn sein treuer Begleiter stirbt.

Abb. XLIII.

Feldskizze eines angriffslustigen Wolfs, daneben 2 gezähmte Exemplare: Hund und Welpe. Deutlich unterscheidbar sind die Augen und Positionen der Ruten.

BOSSMONSTER

Falls ihr euch traut weiterzulesen:
Die folgenden Einträge behandeln die eindrucksvollsten Geschöpfe, denen ich bisher begegnet bin. Diese Bossmonster besitzen geradezu unnatürliche Kräfte, doch wenn es euch gelingt, sie zu bezwingen, werdet ihr dafür mit wertvollen Schätzen belohnt.

Abb. XLIV.

Die furchterregende Abbildung eines angreifenden Withers.

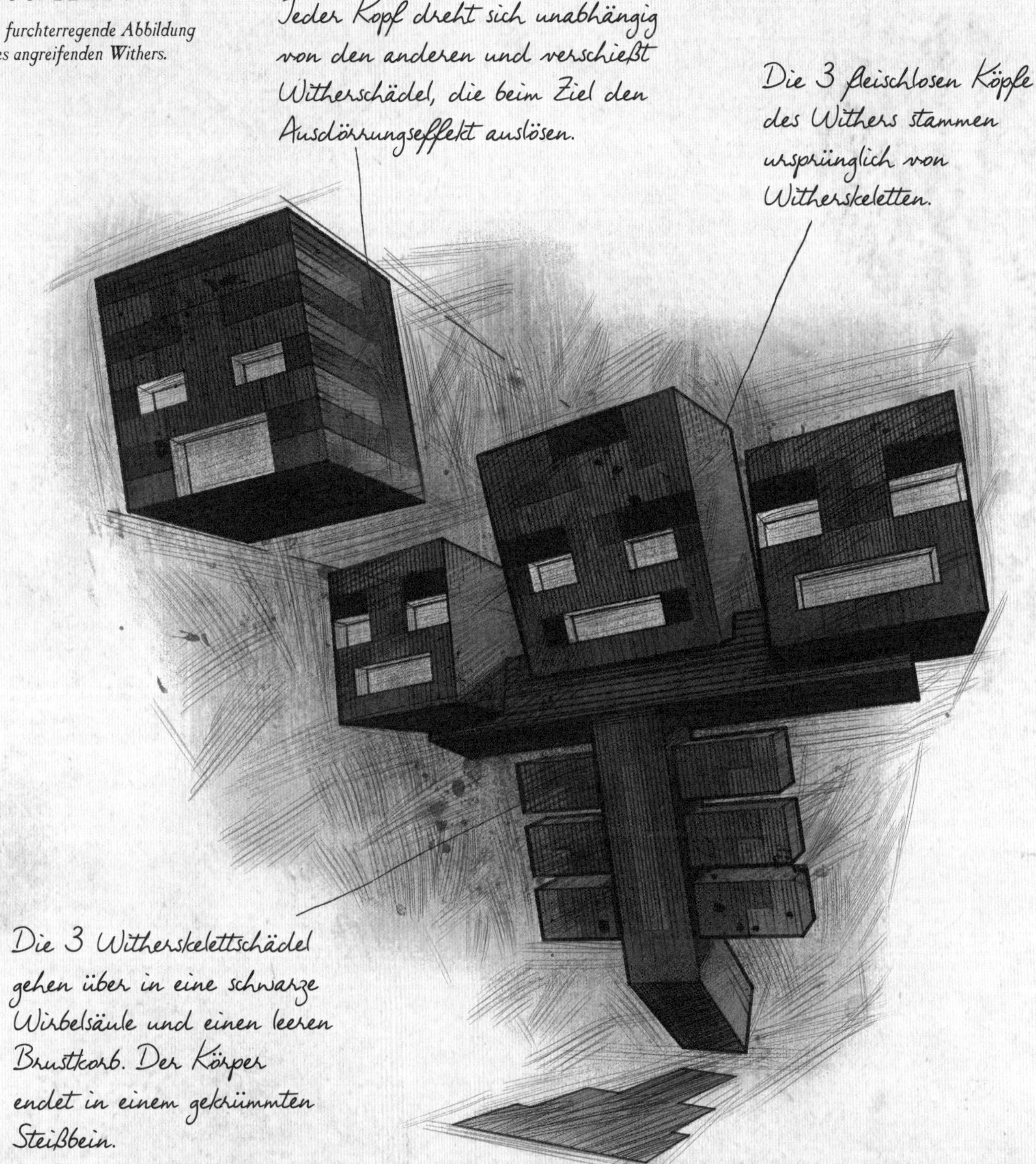

WITHER

Der Wither ist riesig, grausam und gemein. Er tötet, ohne zu zögern, und verursacht Krankheit und Zerstörung, wo er geht und steht. Gelehrte haben über seine Existenz spekuliert, bevor er zum ersten Mal gesichtet wurde. Man stieß auf ein Gemälde, das ein paar braune Blöcke in T-Form zeigt, darauf 3 Köpfe mit weißen Augen. Schauen wir, was sich hinter dem mysteriösen Wesen verbirgt.

DEN WITHER BESCHWÖREN

Die Neugier der Forscher kann manchmal auch ihr Verderben sein. So hat eine Gruppe von Siedlern mithilfe von 4 Blöcken Seelensand und 3 Witherskelettschädeln doch tatsächlich versucht nachzustellen, was sie auf jenem Gemälde gesehen haben. Und sie hatten damit Erfolg: Begleitet von aufsteigenden Rauchschwaden stand auf einmal ein leuchtendes Ungeheuer vor ihnen. Für einen Moment war alles still, doch es folgte eine mächtige Explosion, und der eigentliche Kampf begann. Es erscheint wie eine grausame Laune der Natur, dass man den Wither selbst erschaffen muss, aber er ist die einzige Quelle für einen Netherstern, essenziell für Leuchtfeuer.

DER WITHER GREIFT AN

Nachdem der Wither zum Leben erwacht ist, wächst er heran und pulsiert bläulich. Zu diesem Zeitpunkt ist er immun gegen Angriffe und sammelt seine Kräfte für eine Mega-Explosion. Kämpfer müssen mindestens 10 Blöcken Abstand halten oder geeignete Verteidigungsmaßnahmen parat haben. Nach der Detonation startet der Wither seinen eigentlichen Angriff. Sein Hass auf Leben sitzt so tief, dass er nicht nur die Abenteurer angreift, die ihn beschworen haben, sondern auch jede andere Kreatur außer Untote. Der Wither kann Blöcke zerschlagen, selbst Obsidian hält ihn nicht auf. Nur an Grundgestein und Endportalen beißt er sich die Zähne aus.

Die 3 Köpfe agieren unabhängig voneinander, wodurch der Wither 3 Ziele auf einmal angreifen kann, indem er sie mit Witherschädeln beschießt. Deren Druckwelle reicht zwar nicht weiter als 2 Blöcke, aber sie richten dennoch ordentlich Schaden an. Eine größere Gefahr stellt aber der Ausdörrungseffekt der Geschosse dar. Er färbt die Herzen des getroffenen Ziels schwarz und entzieht ihm Lebensenergie, bis es stirbt. Leider stellt der Wither auf diese Weise auch seine Gesundheit wieder her.

DER WEG ZUM SIEG

Gelingt es euch, den Wither so zu verletzen, dass seine Gesundheit auf die Hälfte fällt, zaubert er eine Art Schutzschild herbei, der ihn fortan immun gegen Wurftränke, Pfeile oder Feuerkugeln macht. Dennoch gibt es Hoffnung: Sein Schutzschild scheint so schwer zu sein, dass er nicht mehr außer Reichweite eures Schwerts schweben kann.

Es gibt viele Möglichkeiten, den Wither zu bekämpfen. Manche beschwören ihn an einem Ort, an dem er im Grundgestein erstickt. Mein Vorschlag: Benutzt in der ersten Hälfte des Kampfs, in der der Wither hoch fliegt, einen starken Bogen. Tragt eure Diamantrüstung und verzaubert sie mit Schutz, um euch zu schützen. Benutzt ein Diamantschwert, das mit Bann verzaubert ist, um diesem Untoten Schaden zuzufügen. Habt außerdem stets Tränke der Heilung und Stärke sowie goldene Äpfel parat.

Beschwört den Wither auf einer großen, freien Fläche und geht schnell auf Abstand, bevor er explodiert. Bleibt auf Distanz, während ihr ihn mit Pfeil und Bogen beschießt. Manche empfehlen, Hunde und Golems mit in den Kampf zu bringen. Doch Vorsicht: Sie können den Wither zwar ablenken, aber auch auf sie wirkt der Ausdörrungseffekt, wodurch der Wither wieder geheilt wird. Ist der Wither auf Bodenhöhe, geht mit gezücktem Schwert auf ihn los.

ENDERDRACHE

Man kann sich die Panik nur vorstellen, die jene ersten Entdecker ergriffen haben muss, als sie diese Eidechse sahen, die ihnen die Rückkehr nach Hause verwehrte. In den folgenden Jahren sind viele Kämpfer siegreich aus dem Ende zurückgekehrt und haben Geschichten von dort mitgebracht. Bewaffnet euch mit all ihrem Wissen, damit ihr in ihre Fußstapfen treten könnt.

KRAFT DES DRACHEN

Der Enderdrache lebt in der Dunkelheit des Endes und kreist über einem Ring aus Obsidiansäulen. Sein Flug ist elegant und furchterregend zugleich. Er beißt seine Feinde, verletzt sie mit seinen Flügeln und bombardiert sie mit in lila Säurewolken explodierenden Feuerkugeln. Die schuppige Haut, die seinen Körper bedeckt, ist so zäh und hart wie die keines anderen bekannten Monsters und in der Lage, unzählige Hiebe zu absorbieren. Nur am Kopf nimmt er vollen Schaden. Er wird von den Enderkristallen auf jeder der Säulen geheilt.

Es ist kaum verwunderlich, dass die Endermen, die sich auf dem Boden zusammenrotten, diese Bestie derart verehren. Man kann sie nur bewundern.

DIE WAFFEN DER WAHL

Der Enderdrache fliegt außerhalb der Reichweite jeder Nahkampfwaffe durch die Luft. Deshalb muss man einen Bogen mit Pfeilen mit ins Ende bringen. Verzaubert ihn mit Stärke. Weiter wird ein starkes Schwert benötigt, um dem Drachen Schaden zuzufügen, wenn er in Reichweite ist. Auch eine Rüstung, die seinen Attacken widerstehen kann, ist unverzichtbar; eine Verzauberung derselben mit Schutz ist von Vorteil. Zu guter Letzt braucht ihr so viel Nahrung und Tränke der Heilung und der Regeneration, wie ihr tragen könnt.

Beim Kampf gegen den Enderdrachen sind 2 Probleme zu lösen: Erstens muss man den Drachen daran hindern, seine Gesundheit zu regenerieren, indem man die Enderkristalle auf den Obsidiansäulen zerstört. Zu den Kristallen zu klettern ist gefährlich, da man leicht vom Drachen nach unten gestoßen werden kann. Es ist daher am besten, die Kristalle vom Boden aus zu beschießen. Haltet Ausschau nach einer Explosion, dann habt ihr einen Kristall erfolgreich zerstört. Einige Kristalle sind von Eisengittern umgeben. Wägt sorgfältig ab, ob ihr dorthin klettern wollt.

Beachtet zugleich die vielen Endermen, um während der Schlacht ihren Blicken zu entgehen. Ihr könntet auch einen Kürbis auf dem Kopf tragen, um diese Gefahr zu bannen, aber bedenkt, dass eure Sicht dadurch eingeschränkt wird und so ein Kürbis wenig Schutz bietet.

DER ULTIMATIVE SIEG

Sobald genug Kristalle zerstört sind, geht der Kampf in die entscheidende Phase. Haltet beim Zielen auf den Drachen stets ein wenig vor, um ihn zu treffen. Seid darauf gefasst, dass er herabfliegen und seine Feuerkugeln verschießen oder beißen wird oder aber – wenn man sich in der Nähe des Portals aufhält – seinen Drachenatem auf euch spuckt. Versetzt ihm bei jeder Gelegenheit einen Hieb mit eurem Schwert und bleibt stets in Bewegung.

Wenn der Enderdrache bezwungen ist, öffnet sich das Endportal zur Oberwelt, und das Ei des Drachen erscheint darauf. Es erscheint nur ein einziges Mal und kann nur aufgehoben werden, wenn es auf einem Block wie einer Fackel oder einem Schild liegt. Fällt es auf einen soliden Boden, ist es kaputt. Manche denken, man müsste nur den Block unter dem Drachenei abbauen, um es auf einen geeigneten Block darunter fallen zu lassen, doch leider erscheint es auf unzerstörbarem Grundgestein. Attackiert man das Ei, wird es teleportiert.

Abb. XLV.

Der Enderdrache, in Eile aus sicherer Entfernung während einer Gruppenexpedition ins Ende skizziert.